JN395605

공룡백과

놀라운 우리아이 상상력을 키워 주는

감수 · 이융남(한국지질자원연구원 책임연구원)
미국, 중국, 일본, 몽골에서 공룡을 발굴했고 경남 고성과 전남 해남 우항리의 공룡발자국을 발굴 연구했으며, 현재 경기도 화성시 공룡알 연구와 몽골 고비사막과 남해지역의 공룡탐사를 수행하고 있습니다.
《공룡학자 이융남박사의 공룡대탐험》 외 10종의 저서가 있으며 50여 편의 책을 감수했습니다.

지음 · 최유성
2001년 어린이동산 중편 동화 공모에서 《아줌마는 살림 전문가》로 우수상을, 2003년 MBC 창작 동화 공모에서 단편 동화 《곤줄박이 관찰 일기》로 대상을, 2005년 《다름이의 남다른 여행》으로 제2회 우리교육 어린이책 작가상 창작 부문 대상을 수상했습니다. 지은 책으로 《공룡 최강 배틀》《생생 화보 공룡 101가지》 등이 있습니다.

그림 · 디엔에스공오
공룡 화석 및 다양한 화석 분석 자료를 토대로 공룡, 고생물 그리고 고대 생물 환경 등 고생물과 관련된 다양한 소재를 세밀화 또는 컴퓨터 그래픽으로 복원하는 업체입니다. 또한 현존하는 생물인 고래, 상어, 곤충, 새 및 비행기, 우주, 인체 등 교육용 콘텐츠 작업을 전문으로 하고 있습니다.

2025년 1월 20일 개정판 9쇄 펴냄

지음 · 최유성
그림 · 디엔에스공오
감수 · 이융남(한국지질자원연구원 책임연구원)
사진 제공 · (주)유로크레온, 화성시청, 공룡알화석산지방문자센터

펴낸이 · 이성호
펴낸곳 · (주)글송이

편집/디자인 · 임주용, 최영미, 오영인, 이강숙, 김시연
마케팅 · 이성갑, 윤정명, 이현정, 문현곤, 이동준
경영지원 · 최진수, 이인석, 진승현

출판 등록 · 2012년 8월 8일 제2012-000169호
주소 · 서울시 서초구 능안말1길 1 (내곡동)
전화 · 578-1560~1 **팩스** · 578-1562
이메일 · gsibook01@naver.com

ⓒ(주)디엔에스공오, 글송이, 2015

ISBN 979-11-7018-115-6 74400
　　　979-11-86472-78-1   (세트)

*이 책은 저작권법에 따라 보호받는 저작물입니다. 무단 전재와 무단 복제를 금지하며, 이 책의 내용이나 그림의 전부 또는 일부를 이용하려면 반드시 (주)글송이와 그림 저작권자의 서면 동의를 받아야 합니다.

7~10세

놀라운 우리아이 상상력을 키워 주는

공룡백과

최유성 지음, 디엔에스공오 그림
이융남(한국지질자원연구원 책임연구원) 감수

글송이

> 감수의 글

어린이를 위한 좋은 공룡 지침서!

다양한 공룡영화와 공룡다큐멘터리가 제작되면서 어린이들과 일반인들의 공룡에 대한 관심이 끊이지 않습니다. 그동안 여러 공룡백과를 포함해 많은 공룡책이 출판되어 공룡에 대한 어린이들의 관심을 키워왔습니다. 글송이 출판사에서 출판하는 《우리 아이 상상력을 키워 주는 놀라운 공룡백과》는 충실한 내용과 좋은 그림, 무엇보다도 최근까지의 공룡 연구 결과들을 잘 반영하고 있는 좋은 책이라 생각됩니다. 단순한 공룡 소개가 아니라 공룡 전반에 대한 내용을 주제별로 잘 정리해 지루하지 않고 쉽게 공룡을 이해하게 한 편집이 돋보입니다. 공룡을 처음 접하는 어린 유아들부터 공룡에 대한 전반적인 사실을 알고자 하는 어린이들에게 좋은 지침서가 될 것입니다. 이 책을 통해 공룡학자의 꿈을 키우는 학생들이 많이 생겨나 우리나라의 공룡 연구 발전에 기여했으면 하는 바람입니다.

한국지질자원연구원 책임연구원 이융남

머리말

공룡의 발자국을 따라가요!

아주 옛날, 우리가 태어나기 훨씬 전부터 지구에는 많은 생물이 살고 있었어요. 하지만 지금까지 살아남은 생물은 별로 없어요. 모두 시간과 함께 사라져 버렸지요. 그래서 더 보고 싶은 동물이 있어요. 바로 공룡이에요. 무시무시한 이빨로 덥석 먹이를 무는 공룡, 긴 꼬리를 채찍처럼 휘두르는 공룡, 오리주둥이를 닮은 공룡, 삐쭉빼쭉 가시를 달고 다니는 공룡, 딱딱한 갑옷을 두르고 다니는 공룡, 뾰족한 뿔로 장식한 공룡 등 보고 싶은 공룡이 너무 많아 셀 수도 없어요. 아무리 보고 싶다고 해도 이미 사라져 버린 공룡을 어떻게 만나냐고요? 우리에겐 공룡들이 남긴 흔적이 있어요. 어느 날 갑자기 사라졌다고 하지만 발자국부터 똥까지 공룡이 살았던 흔적을 제대로 남겼어요. 쿵! 쾅! 쿵! 쾅! 공룡의 발자국을 따라 한 걸음 한 걸음 따라와 보세요. 멋진 공룡들이 여러분을 기다리고 있답니다.

지은이 최유성

차례

1. 무시무시 공룡이란? · 13

공룡은 언제 살았을까요? · 14

트라이아스기-공룡은 언제 처음 나타났어요? · 16

쥐라기-큰 공룡이 많이 살았던 때는 언제예요? · 18

백악기-공룡의 모습이 다양해졌다고요? · 20

공룡은 어떤 동물일까요? · 22

공룡의 알은 어떤 모양이었어요? · 24

공룡은 얼마나 빨리 자랐을까요? · 26

공룡은 어떤 색깔이었어요? · 28

공룡은 얼마나 컸을까요? · 30

공룡은 얼마나 무거웠어요? · 32

공룡은 어떻게 걸었을까요? · 34

공룡은 무엇을 먹었어요? · 36

육식 공룡은 어떻게 사냥했을까요? · 38

초식 공룡은 돌로 소화를 시켰어요? · 40

프릴이 달린 공룡이 있어요? · 130

멋진 뿔이 있는 공룡은 누구일까요? · 132

이름으로 뿔이 몇 개인지 알 수 있어요? · 134

3. 신기신기 하늘·바다 파충류 · 137

익룡은 새일까요, 공룡일까요? · 138

꼬리에 왜 날개가 달려 있나요? · 140

두 가지 모양의 이빨을 가진 공룡은 누구예요? · 142

케찰코아틀루스는 어떻게 날아다녔어요? · 144

익룡의 앞 발가락은 어떻게 생겼나요? · 146

아주 옛날에도 거북이 살았어요? · 148

바다에 공룡을 닮은 동물이 있어요? · 150

어룡은 어떻게 생겼어요? · 152

수장룡도 공룡이에요? · 154

바다의 지배자는 누구였나요? · 156

튼튼한 방패로 무장한 공룡이 있을까요? · 100

몸이 딱딱한 뼈로 덮여 있어요? · 102

골판이 어떤 일을 했어요? · 104

골침이 어떤 일을 했어요? · 106

꼬리 끝에 곤봉이 달려 있어요? · 108

진짜 새의 조상은 누구예요? · 110

원시 조각류의 이빨은 어떻게 생겼어요? · 112

사람 이름을 붙인 공룡이 있어요? · 114

처음 발견된 공룡 화석은 무엇일까요? · 116

오리주둥이 공룡의 조상은 누구예요? · 118

거대한 입을 가진 공룡은 누구예요? · 120

오리주둥이 공룡의 볏은 어떤 일을 했어요? · 122

공룡의 볏은 어떤 일을 했을까요? · 124

머리 모양이 독특한 공룡이 있어요? · 126

최강 박치기 선수 공룡은 누구예요? · 128

차례

동물을 닮은 공룡이 있어요? · 70

육식 공룡이 물고기도 사냥했나요? · 72

등에 돛이 있는 공룡이 있어요? · 74

가장 똑똑한 공룡과 멍청한 공룡은 누구일까요? · 76

가장 강한 공룡은 누구예요? · 78

아시아 최강의 공룡은 누구일까요? · 80

거대한 공룡은 어떻게 다녀요? · 82

원시 용각류는 어떤 공룡이에요? · 84

목이 긴 공룡은 무엇을 먹었어요? · 86

꼬리를 무기로 사용한 공룡이 있어요? · 88

목이 짧아도 멋진 공룡은 누구예요? · 90

등이 평평한 공룡이 있어요? · 92

콧구멍이 왜 머리 꼭대기에 있을까요? · 94

아르헨티나에 공룡이 많이 살았어요? · 96

중국에서 발견한 공룡은 무엇일까요? · 98

힘이 없는 공룡은 어떻게 살아남았을까요? · 42
엉덩이뼈 모양으로 공룡을 나눠요? · 44
공룡의 이름은 어떻게 지어요? · 46
사우루스가 공룡이란 뜻이에요? · 48

2. 와글와글 공룡 세상 · 51

새의 조상이 공룡이에요? · 52
가장 오래된 공룡은 누구예요? · 54
새끼를 잡아먹는 공룡이 있어요? · 56
머리에 볏이 달린 공룡이 있나요? · 58
이름을 갖게 된 최초의 공룡은 누구예요? · 60
가장 작은 공룡은 누구예요? · 62
남극에서도 공룡 화석이 발견되었나요? · 64
도둑이라고 불리는 공룡은 누구예요? · 66
알 도둑이라고 누명을 쓴 공룡이 있어요? · 68

사우루스지만 공룡이 아니라고요? · 158
공룡시대의 악어는 어떻게 생겼어요? · 160
누가 새의 조상일까요? · 162
공룡시대에 다른 동물도 살았어요? · 164

4. 궁금궁금 공룡 발자취 · 167

공룡은 왜 사라졌을까요? · 168
공룡에 대해 어떻게 알 수 있나요? · 170
공룡 화석은 어떻게 발굴해요? · 172
화석은 어디에서 찾아요? · 174
우리나라에도 공룡이 살았어요? · 176
우리나라에도 공룡 발자국이 있어요? · 178

공룡 찾아보기 · 180

-공룡의 발자취를 만날 수 있는 곳! · 192

Dinosaur

❶ 무시무시 공룡이란?

1장 · 무시무시 공룡이란?

공룡은 언제 살았을까요?

공룡은 우리가 태어나기 훨씬 전부터 살았어요. 지금으로부터 약 2억 3,000만 년 전부터 약 6,500만 년 전까지예요. 그러니까 무려 1억 6,500만 년 동안 살았던 거예요. 공룡은 중생대 대부분의 시기에 살았어요. 중생대는 다시 트라이아스기, 쥐라기, 백악기로 나뉘지요.

Dinosaur

인류가 지금까지 1만 년 정도 지구에 살았으니까, 공룡은 그보다 훨씬 더 오랫동안 지구를 지배한 거예요.

1장 · 무시무시 공룡이란?

트라이아스기

공룡은 언제 처음 나타났어요?

판게아

트라이아스기

공룡은 트라이아스기 말부터 등장했어요. 날씨가 덥고 건조했지만, 공룡이 살기에는 괜찮았어요. 또 지구의 모든 땅이 거의 한 덩어리로 연결되어 있어 어디든지 갈 수 있었답니다. 이 거대한 땅덩어리를 판게아라고 불러요. 트라이아스기부터 땅덩어리가 서서히 움직이기 시작했어요.

1장 · 무시무시 공룡이란?

쥐라기

큰 공룡이 많이 살았던 때는 언제예요?

쥐라기

공룡은 트라이아스기 다음인 쥐라기에 거대한 몸집으로 자라났어요. 따뜻하고 습한 기후가 되면서 사막에도 여러 가지 식물과 나무가 쑥쑥 자랐거든요. 먹을거리가 부쩍 늘어나서 공룡들도 전성기를 이루었지요. 쥐라기 때는 땅덩어리가 갈라져서 남쪽과 북쪽으로 나뉘었고 넓은 바다가 생겼어요. 더 이상 공룡들은 다른 지역으로 옮겨 갈 수 없게 되었답니다.

1장 · 무시무시 공룡이란?

백악기
공룡의 모습이 다양해졌다고요?

백악기

백악기에는 땅이 더 많은 조각으로 갈라졌어요. 백악기가 끝날쯤에는 지금의 지구와 모습이 비슷해졌지요. 또한 백악기 때는 점점 더워졌다 추워졌다 하면서 계절이 생겼어요. 추위에 약한 식물들은 서서히 사라지고 꽃이 피는 식물들이 나타나게 되었지요. 공룡의 생김새도 다양해졌어요. 뿔이 달린 트리케라톱스, 돛이 달린 스피노사우루스와 같은 공룡들이 이때 등장했답니다.

1장 · 무시무시 공룡이란?

공룡은 어떤 동물일까요?

공룡의 날쌘 몸집과 생김새는 마치 온혈동물(스스로 체온을 유지하는 동물)인 조류나 포유류 같아요.
하지만 공룡은 악어나 도마뱀처럼 피부가 비늘로 덮여 있고, 알을 낳기 때문에 냉혈동물(주변 온도에 따라 체온이 변하는 동물)인 파충류에 속한답니다.

▲디플로도쿠스

★ 냉혈동물인 이유
1. 거대한 초식공룡은 움직임이 둔해요.
2. 냉혈동물인 파충류처럼 몸이 비늘로 덮여 있어요.

하지만 데이노니쿠스와 벨로키랍토르 같은 공룡들은 온혈동물에 속할 것이라고 말하는 학자도 있어요. 뼈의 구조나 생활 방식이 온혈동물인 조류나 포유류와 매우 비슷하거든요. 그래서 공룡을 냉혈동물이라고 주장하는 학자도 있고, 온혈동물이라고 주장하는 학자도 있답니다.

★온혈동물인 이유
1. 움직임이 날쌘 공룡도 있어요.
2. 추운 지방에서 산 공룡도 있어요.

▲데이노니쿠스

1장 · 무시무시 공룡이란?

공룡의 알은 어떤 모양이었어요?

파충류는 알을 낳아요. 공룡도 다른 파충류처럼
알을 낳았지요. 그럼, 공룡의 알은
어떤 모양이었을까요?

▼마이아사우라
좋은 어미 도마뱀이라는 뜻이에요.
정성껏 알과 새끼를 돌보았어요.

Dinosaur

어떤 공룡은 동그란 알을 낳았고, 어떤 공룡은 길쭉한 알을 낳았어요. 공룡의 종류에 따라 알의 생김새나 크기도 다양해요. 하지만 아무리 몸집이 커다란 공룡도 알은 생각보다 크지 않답니다. 실제로 발견된 가장 큰 용각류의 알은 지름이 20㎝ 정도였대요. 타조 알과 거의 비슷한 크기였어요.

1장 · 무시무시 공룡이란?

공룡은 얼마나 빨리 자랐을까요?

공룡의 뼈에는 나이테가 숨어 있어요. 그래서 얼마나 빨리 자랐는지 알 수 있지요. 티라노사우루스 렉스는 보통 열 살이 넘어가면서 빠르게 성장해서 스무 살이 되면 성장을 멈췄대요. 예전에는 파충류처럼 죽을 때까지 멈추지 않고 느리게 자라는 줄 알았는데, 조사해 보니 오히려 포유류와 비슷했어요. 하지만, 대부분의 공룡은 수명을 다하기 전에 다른 공룡과 싸우다가 죽음을 맞이했답니다.

▶ **고르고사우루스**
몸집은 작지만, 생김새나 성격이 티라노사우루스 렉스와 닮았어요.

▼티라노사우루스 렉스
한참 자랄 시기에는 하루에 2kg씩 몸무게가 늘어날 정도로 빨리 자랐어요.

1장 · 무시무시 공룡이란?

공룡은 어떤 색깔이었어요?

공룡이 어떤 색깔이었는지 정확히 아는 사람은 없어요.
공룡의 화석을 봐도 피부색은 남아 있지 않거든요.
사실 공룡의 색깔이나 무늬는 상상해서 그린 거예요.
하지만 결코 엉뚱한 상상은 아니에요.
공룡과 가까운 친척인 파충류와 조류를 참고하지요.
그 동물들의 모습을 보면서 공룡이 어떤 동물이었는지
어떤 환경에서 살았는지 끊임없이 연구하면서
그려낸 것이랍니다.

▼**미크로랍토르**
깃털이 있던 공룡으로
꿩이나 청둥오리 같은
동물과 비슷한
색깔이었을 거예요.

▲**스피노사우루스**
악어와 비슷하게 생겨서
몸 색깔도 악어와
비슷했을 거예요.

◀ **렉소비사우루스**
중간 크기의 초식 공룡이라 육식 공룡으로부터 보호하기 위해 무늬가 화려했을 거예요.

▲ **에우오플로케팔루스**
등에 있는 골편이 화려한 색깔을 가졌을 수도 있고 단순한 색을 가졌을 수도 있어요.

1장 · 무시무시 공룡이란?

공룡은 얼마나 컸을까요?

공룡 중에 가장 몸집이 큰 세이스모사우루스는 몸길이가 50m 정도예요. 기차 두 량보다도 길지요. 그에 뒤지지 않는 거대한 몸집의 아르헨티노사우루스는 100톤이라는 엄청난 무게를 자랑해요. 무려 코끼리 20마리의 무게를 합친 것과 같아요.

티라노사우루스 렉스

디플로도쿠스

파라사우롤로푸스

벨로키랍토르

1장 · 무시무시 공룡이란?

공룡은 얼마나 무거웠어요?

새는 몸을 가볍게 해서 하늘을 잘 날기 위해 뼈에 구멍이 있어요. 그런데 공룡 중에도 뼛속이 비어 있는 공룡이 있어요. 뼛속이 비어 있다는 뜻의 이름을 가진 코엘로피시스가 대표적이에요. 덕분에 코엘로피시스는 재빠르게 움직일 수 있었지요. 또 대부분의 공룡들은 머리뼈에 커다란 구멍이 있어서 머리 크기에 비해 가벼웠어요. 만약 구멍이 없었다면, 머리는 너무 무거워서 제대로 걷지 못하고 앞으로 넘어졌을 거예요.

▼안킬로사우루스
머리의 구멍이 모두 골편으로 덮여 아주 단단했어요.

▼코엘로피시스
뼛속이 비어 있다는 뜻이에요.

▲아크로칸토사우루스
길이가 1.4m나 되는 커다란 머리를 가지고 있었지만, 머리뼈에 빈 공간이 많아서 가벼웠어요.

▲케찰코아틀루스
익룡 중에서 몸집이 가장 크고 무거웠지만 뼛속이 비어 있어 크기에 비해 가벼워요.

▶바로사우루스
무거운 도마뱀이라는 뜻이에요. 목의 무게를 줄이기 위해 목뼈에 빈 공간이 있어요.

▶카마라사우루스
척추뼈 안에 널찍한 구멍이 있어서 거대한 몸집에 비해 가벼웠어요.

1장 · 무시무시 공룡이란?

공룡은 어떻게 걸었을까요?

공룡은 포유류처럼 다리가 몸통 아래쪽으로 곧게 뻗어 있어서 빠르게 걸을 수 있어요. 곧게 뻗은 다리는 커다란 몸집도 거뜬히 받쳐 주지요. 공룡 중에 사납고 재빠른 육식 공룡들은 모두 두 발로 걸어 다녀요. 커다란 몸집을 지탱하기 위해 튼튼한 앞발을 가진 공룡들은 네 발로 걸어 다니고요. 또 두 발과 네 발을 모두 사용하는 공룡도 있었답니다.

▼**고르고사우루스** 앞발은 매우 작고 뒷발이 잘 발달됐어요.

▲**에우헬로푸스** 커다란 몸집을 받치기 위해 네 발로 천천히 걸어 다녔어요.

▼**람베오사우루스** 네 발로 걸어 다니다가 육식 공룡이 나타나면 두 발로 뛰어서 도망갔어요.

1장 · 무시무시 공룡이란?

공룡은 무엇을 먹었어요?

공룡은 식물을 먹는 초식 공룡과 물고기나 다른 공룡을 먹는 육식 공룡이 있어요. 공룡의 이빨이나 턱 모양, 몸의 형태를 보면 어떤 종류의 먹이를 먹었는지 알 수 있지요. 초식 공룡은 공룡 화석과 같은 지층에서 발견된 식물의 화석을 보고 먹이를 짐작해요.
그리고 육식 공룡의 먹잇감은 그 공룡과 같은 시기, 같은 지역에 살았던 공룡을 보며 짐작한답니다.

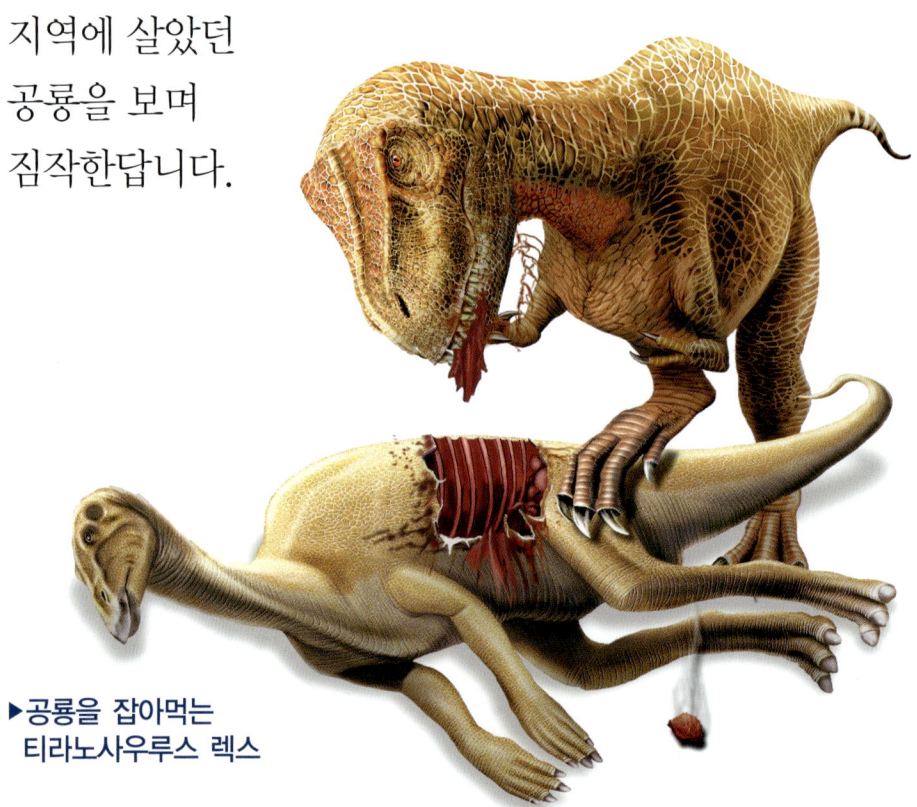

▶공룡을 잡아먹는 티라노사우루스 렉스

초식 공룡들은 자기 몸에 맞게 식물을 선택해 먹었어요. 만추로사우루스는 키 작은 식물을 먹고, 브라키오사우루스는 키 큰 식물을 먹었어요.

▲만추로사우루스

▶브라키오사우루스

1장 · 무시무시 공룡이란?

육식 공룡은 어떻게 사냥했을까요?

육식 공룡들은 죽어 있는 공룡을 발견하고 그 시체를 먹기도 했지만, 먹이를 구하기 위해 주로 사냥을 했어요. 타르보사우루스처럼 몸집이 크고 사나웠던 공룡은 혼자 사냥을 해도 충분했을 거예요. 하지만 몸집이 작았던 벨로키랍토르 같은 육식 공룡들은 늘 무리 지어 다니며 사냥을 했답니다.

▼프로토케라톱스를 사냥하는 벨로키랍토르 무리
벨로키랍토르 뒷발의 갈고리 발톱은 좋은 무기가 되었지요.

Dinosaur

육식 공룡

티라노사우루스 렉스	알로사우루스	딜로포사우루스
카르노타우루스	갈리미무스	바리오닉스
타르보사우루스	양추아노사우루스	스키피오닉스
벨로키랍토르	데이노니쿠스	오비랍토르
메갈로사우루스	크리욜로포사우루스	스피노사우루스

1장 · 무시무시 공룡이란?

초식 공룡은 돌로 소화를 시켰어요?

몸집이 커다란 초식 공룡들은 먹이를 씹지 않고 꿀꺽 삼켰어요. 나뭇잎을 뜯을 수는 있었지만, 질겅질겅 씹을 수는 없었거든요. 그래서 위에 돌이 있었대요. 아무리 질긴 나뭇잎이라도 일단 위 속에 들어오면 돌이 맷돌처럼 쓱쓱 갈아 주었지요. 덕분에 엄청난 양을 먹어도 거뜬히 소화시켰답니다.

▶ 브라키오사우루스
기린처럼 키 큰 나무의 잎과 열매를 먹었어요.

▼디플로도쿠스
위 속의 돌이 나뭇잎을 갈아 주었어요.

초식 공룡

브라키오사우루스	디플로도쿠스
세이스모사우루스	스테고사우루스
트리케라톱스	이구아노돈
사우롤로푸스	살타사우루스
프로토케라톱스	마멘치사우루스
렙토케라톱스	안킬로사우루스
루펑고사우루스	아파토사우루스
카마라사우루스	아마르가사우루스

1장 · 무시무시 공룡이란?

힘이 없는 공룡은 어떻게 살아남았을까요?

늘 육식 공룡의 먹잇감이 되어야 하는 초식 공룡들에게는 자신을 지키는 것이 중요했어요. 브라키오사우루스처럼 몸집이 커다랗다면 조금은 마음이 놓였을 거예요. 안킬로사우루스 같이 뼈 뭉치가 달린 꼬리가 있다면, 육식 공룡이 서슴없이 공격하지 못했을 거예요. 하지만 힘도 무기도 없다면 어떻게 했을까요? 마이아사우라 같은 공룡은 무리 지어 살면서 자신은 물론 새끼까지 보호했어요.

▼드로마에오사우루스
튼튼한 이빨과 갈고리 발톱으로 초식 공룡을 사냥했어요.

Dinosaur

▼ **마이아사우라**
여럿이 모여 살면서
새끼도 함께 돌보았어요.

1장 · 무시무시 공룡이란?

엉덩이뼈 모양으로 공룡을 나눠요?

공룡의 생김새나 크기는 매우 다양하지만 모든 공룡을 엉덩이뼈 모양에 따라 크게 두 종류로 나눌 수 있지요. 엉덩이뼈는 허리등뼈와 뒷다리뼈를 잇는 3개의 뼈로 이루어져 있어요.

용반류 공룡
도마뱀 골반

수각류
두 발로 걸으며 대부분 육식인 공룡

- 티라노사우루스 렉스
- 스피노사우루스
- 에오랍토르
- 오비랍토르
- 드로마에오사우루스

용각류
네 발로 걸으며 몸집이 거대한 공룡

- 플라테오사우루스
- 리오자사우루스
- 에우헬로푸스
- 브라키오사우루스
- 디플로도쿠스

엉덩이뼈의 모양이 도마뱀과 비슷하면 용반류, 새의 모양과 비슷하면 조반류 공룡이지요. 이 공룡들을 다시 특징에 따라 나누면 용반류 공룡은 수각류와 용각류로 조반류 공룡은 조각류, 검룡류, 곡룡류, 각룡류, 후두류로 나눌 수 있답니다.

조반류 공룡
새 골반

검룡류
골판과 골침이 난 공룡

스테고사우루스
투오지앙고사우루스

각룡류
머리에 뿔이 난 공룡

트리케라톱스
프로토케라톱스

조각류
새의 다리를 가진 공룡
힙실로포돈

이구아노돈
하드로사우루스

곡룡류
갑옷을 두른 공룡
안킬로사우루스

에우오플로케팔루스

후두류
머리에 장식이 있는 공룡
파키케팔로사우루스

스테고케라스

1장 · 무시무시 공룡이란?

공룡의 이름은 어떻게 지어요?

공룡 이름은 우리말이 아니에요. 주로 그리스 어나 라틴 어지요. 그래서 매우 어렵게 느껴져요. 하지만 잘 살펴보면 어떤 규칙이 있어요. 생김새나 중요한 특징에 따라 이름을 붙여 주는 경우가 많기 때문에 이름만 봐도 그 공룡이 어떤 공룡인지 알 수 있지요. 또 발견한 장소나 발견한 사람의 이름을 붙이기도 해요. 여러분 중 누군가가 새로운 공룡 화석을 발견하면, 직접 이름을 붙일 수 있답니다.

▼오르니톨레스테스
새 도둑이라는 뜻이에요.

▶시아모티라누스
시암의 폭군이라는 뜻이에요. 발견된 장소가 태국인데 시암은 태국의 옛 이름이에요.

◀ 케라토사우루스
뿔이 있는 도마뱀이라는 뜻이에요. 콧등과 이마에 뿔이 있지요.

▼ 오트니엘리아
공룡을 발견한 찰스 오트니엘 마쉬의 이름을 땄어요.

알샤사우루스
알샤의 도마뱀이라는 뜻이에요. 알샤는 몽고의 사막 이름이에요.

◀ 인도수쿠스
인도 악어라는 뜻이에요. 인도에서 발견되었지요.

▲ 에우오플로케팔루스
좋은 장갑으로 무장한 머리라는 뜻이에요.

1장 · 무시무시 공룡이란?

사우르스가 공룡이란 뜻이에요?

대부분의 공룡 이름은 사우루스라는 말로 끝나요. 사우루스는 도마뱀이라는 뜻이에요. 처음 공룡을 발견했을 때, 도마뱀과 비슷하게 보여서 그렇게 이름 붙였어요. 하지만 이름에 사우루스라는 말이 들어간다고 전부 공룡은 아니에요. 공룡과 같은 시대에 살았던 파충류 중에도 사우루스라는 이름이 붙은 동물이 있으니까요. 그 동물들은 도마뱀을 닮은 공룡이 아니라 진짜 도마뱀이랍니다.

◀마멘치사우루스
중국의 마멘치 지방에서 발견된 공룡이에요.

Dinosaur

② 와글와글 공룡세상

2장 · 와글와글 공룡 세상

새의 조상이 공룡이에요?

트라이아스기 말부터 백악기 말까지 육식 공룡은 수각류뿐이었어요. 짐승의 다리를 가진 무리라는 뜻으로, 대부분 갈고리 발톱을 가져서 이런 이름이 붙었답니다. 수각류에 속한 공룡들은 두 발로 걸어 다녔어요. 이 중에서 어떤 육식 공룡들은 진화를 거듭해 새가 되었대요. 무시무시한 육식 공룡이 새의 조상이라니 정말 놀랍지요.

▼시노르니토사우루스
몸에는 깃털이 있고, 시조새와 뼈의 일부가 닮았어요.

▲시노르니토이데스
새와 많이 닮아서 몸이 아주 가벼웠대요.

▶ **사우로르니토이데스**
새 모양의 도마뱀이라는 뜻이에요. 눈이 매우 커서 밤에도 쉽게 활동했을 거예요.

◀ **데이노니쿠스**
날카로운 발톱이라는 뜻이에요.

▼ **드로마에오사우루스**
달리는 파충류라는 뜻이에요. 뒷발에 갈고리 발톱이 있어요.

▲ **트로오돈**
구부러진 이빨이라는 뜻이에요. 시력이 좋고, 머리가 매우 똑똑해요.

2장 · 와글와글 공룡 세상

가장 오래된 공룡은 누구예요?

원시 수각류로 구분되는 공룡들은 아주 오래전부터 살았어요. 모두 트라이아스기 후기에 살았거든요. 어떤 사람들은 수각류의 조상이라고도 하지요. 그중 가장 오래된 에오랍토르는 공룡 전체의 조상에 가깝다고도 해요. 원시 수각류 공룡들은 육식 공룡이지만, 대부분 몸집이 작아요. 또한 엉덩이뼈가 작고 단순하며 앞발가락은 다섯 개예요.

▼헤레라사우루스
　처음 발견한 농부 이름을 붙였어요.

▼에오랍토르
새벽의 약탈자라는 뜻이에요. 공룡시대의 새벽과 같은 때에 살았다고 이름 붙여졌어요.

▼스타우리코사우루스
십자 도마뱀이라는 뜻이에요.

새끼를 잡아먹는 공룡이 있어요?

코엘로피시스는 육식 공룡 중에서 몸집이 작은 편이에요. 뼛속이 비어 있어 몸도 아주 가볍지요. 그다지 무서울 것 같지 않다고요? 천만에요! 성질이 얼마나 사납다고요. 자기 동족도 잡아먹을 정도예요. 어떻게 알았냐고요? 배 속에 새끼의 뼈가 들어 있는 화석을 발견했거든요.

▼코엘로피시스
몸집이 작은 육식 공룡으로 여럿이 모여 살아요.

코엘로피시스의 화석에는 또 다른 수수께끼가 남아 있어요. 수백 마리가 함께 있는 화석이 발견되었거든요. 과연, 그들에게는 무슨 일이 있었던 걸까요?

2장 · 와글와글 공룡 세상

머리에 볏이 달린 공룡이 있나요?

딜로포사우루스는 코부터 머리까지 두 개의 볏이 있어요. 볏은 암컷에게 잘 보이기 위해 수컷에게만 있었어요. 수컷은 이 볏으로 적에게 겁을 주었을지도 몰라요. 몸이 날렵해서 매우 빨랐으며, 꼬리가 길어 균형도 잘 잡았어요. 쥐라기 초기에는 가장 큰 육식 공룡이었는데, 턱이 가늘고 끝이 구부러져 큰 동물은 잡아먹지 못했을 거예요. 하지만 발톱이 날카로워 고기를 아주 잘 찢었답니다.

▶**모노로포사우루스**
모노는 하나, 로포는 머리에 난 볏을 말해요. 그래서 한 개의 볏이 있는 공룡이라는 뜻이에요.

▶딜로포사우루스
디(딜)은 둘이라는 뜻으로, 약 30cm 정도 되는 두 개의 볏이 있어요.

2장 · 와글와글 공룡 세상

이름을 갖게 된 최초의 공룡은 누구예요?

메갈로사우루스예요. 아직 공룡이라는 단어도 만들어지기 전이라 도마뱀을 닮은 커다란 화석을 보고 큰 도마뱀이라고 이름을 붙여 준 거예요. 사실 메갈로사우루스보다 먼저 발견된 공룡 화석도 있었어요.

하지만 이 공룡이 학회에 가장 먼저 소개되었기 때문에 최초의 공룡이라는 명예를 얻게 되었답니다.

▼ 메갈로사우루스
1676년 영국에서 처음으로 턱뼈와 넓적다리뼈가 발견되었어요.

▲ 우리나라에서도 메갈로사우루스의 이빨 화석이 한 개 발견되었어요.

가장 작은 공룡은 누구예요?

작은 턱, 예쁜 턱이라는 뜻의 콤프소그나투스는 몸길이가 1m정도예요. 하지만 꼬리가 긴 편이라 몸집은 그보다 훨씬 작지요. 학자들은 그전부터 작은 육식 공룡들에게 깃털이 있을 거라 생각했는데, 정말 콤프소그나투스와 같은 종류인 시노사우롭테릭스의 화석에서 깃털이 나왔어요.
그리고 콤프소그나투스보다 더 작은 공룡이 발견됐지요. 가장 작은 공룡 미크로랍토르는 몸길이가 80㎝ 정도로, 다리에 달린 날개로 나무 사이를 날아다니며 살았대요.

▼콤프소그나투스
몸집이 닭과 비슷해요.

▼ **미크로랍토르**
작은 약탈자라는 뜻이에요.
몸집이 까마귀와 비슷해요.

2장 · 와글와글 공룡 세상

남극에서도 공룡 화석이 발견되었나요?

아주 옛날에는 남극이 별로 춥지 않았대요.
하지만 지금은 눈과 얼음으로 뒤덮여 있으니
그 속에서 공룡 화석을 찾기란 매우 어렵겠죠?
그런데 1994년, 남극에서 멋진 화석을 찾았어요.
바로 크리올로포사우루스의 화석이지요.
'로포'라니 뭔가 떠오르나요? 맞아요, 볏!
이 공룡에게는 부채 모양의 특이한 볏이 있어요.
크기가 작아서 공격용은 아니었을 거예요.
남극에서 발견했기 때문에 얼어붙은 볏을 가진
도마뱀이라는 뜻으로 크리올로포사우루스라고
이름 지었어요.

▲크리욜로포사우루스
어둡고 추운 겨울이 오면, 따뜻한 저위도 지역으로 이동했을 거예요.

도둑이라고 불리는 공룡은 누구예요?

2장 · 와글와글 공룡 세상

날쌘 몸놀림 때문에 랍토르라고 불리는 공룡이 있어요. 랍토르는 힘을 써서 남의 것을 억지로 빼앗는 약탈자, 도둑이라는 뜻이에요. 날쌘 도둑이라는 뜻의 이름을 가진 공룡도 있어요. 바로 벨로키랍토르예요. 무리를 지어 다니며 다른 공룡을 몰래 공격해서 도둑, 약탈자라고 불리는 거예요. 랍토르 군단보다 몸집이 훨씬 큰 공룡도 무리의 공격을 받으면 살아남기 힘들었을 거예요. 무시무시한 갈고리 발톱을 가지고 있으니까요.

▼벨로키랍토르
날쌘 도둑이란 뜻이에요.

▶밤비랍토르
아기 침입자라는 뜻이에요.

▲ **유타랍토르**
미국 유타 주의
약탈자라는
뜻이에요.

▼ **에오랍토르**
새벽의 약탈자라는 뜻이에요.

▲ **오르니톨레스테스**
랍토르와 같은 무리는 아니지만,
몸놀림이 빨라 새도
잡아먹었을 거예요.

2장 · 와글와글 공룡 세상

알 도둑이라고 누명을 쓴 공룡이 있어요?

이 공룡의 화석을 처음 발견한 것은 프로토케라톱스의 둥지 근처였어요. 당연히 프로토케라톱스의 알을 훔치는 줄 알고 알 도둑이라는 뜻의 오비랍토르란 이름을 붙여 줬어요. 그런데 알고 보니 그 알은 프로토케라톱스의 알이 아니라 바로 오비랍토르의 알이었답니다. 자기 둥지를 지키려다 죽었을 뿐인데, 도둑이라는 누명을 쓴 거예요.

▲ 프로토케라톱스
사막에 얕은 구멍을 만들어 그 안에 알을 낳았을 거예요.

▼오비랍토르
새처럼 다리를 앞으로 구부려서 웅크린 자세로 알을 품었다고 해요.

동물을 닮은 공룡이 있어요?

2장 · 와글와글 공룡 세상

공룡 중에 미무스라는 이름을 가진 공룡이 있어요.
미무스가 무슨 뜻이냐고요? 미무스는 원래 흉내 내기를
중심으로 하는 연극이래요. 그럼 공룡 중에
흉내를 잘 내는 배우 공룡이 있었다는 말일까요?
그것보다는 다른 동물과 매우 닮았다는 뜻이에요.
공룡 학자들이 어떤 동물과 비슷한 공룡이 있을 때
그런 이름을 붙여요.

▼ **갈리미무스**
　닭을 닮았어요.

▼ **드로미케이오미무스**
　에뮤를 닮았어요.

▲수코미무스
 악어를 닮았어요.

▼펠레카니미무스
 사다새(펠리컨)를
 닮았어요.

▶스트루티오미무스
 타조를 닮았어요.

2장 · 와글와글 공룡 세상

육식 공룡이 물고기도 사냥했나요?

육식 공룡이라고 하면 대부분 다른 공룡을 잡아먹는 무시무시한 공룡을 떠올려요. 그런데 물가에 살면서 물고기를 잡아먹는 공룡들도 있었대요.
앞발에 큰 갈고리 발톱이 있어서 무거운 발톱이라고 불리는 바리오닉스가 대표적이에요. 바리오닉스 화석에서 물고기 비늘과 이빨을 발견했거든요. 바리오닉스의 가늘고 긴 머리는 악어를 많이 닮았어요. 악어를 닮았다는 뜻의 수코미무스 역시 물고기를 먹었답니다.

▼바리오닉스
발톱의 길이가 무려 30cm나 됐대요.

등에 돛이 있는 공룡이 있어요?

2장 · 와글와글 공룡 세상

스피노사우루스는 가시 도마뱀이라는 뜻이에요.
등의 피부막이 높이 솟아 있어
마치 배에 매단 돛처럼 보이지요.
춥거나 더우면 피부막으로 몸의 온도를 조절했대요.
스피노사우루스는 악어처럼 머리가 길쭉했어요.
악어를 닮았다니, 뭔가 떠오르죠?
맞아요, 악어를 닮은 다른 공룡처럼 물고기를
잡아먹었어요. 사람들이 물고기를 잡으려는
스피노사우루스를 봤다면 아마도
커다란 돛 때문에 배가
바람을 가르며 항해하는 줄
알았을 거예요.

▶ **부챗살 모양의 돛**
높이가 2m나 되는 돛은
등뼈의 돌기가 솟아난 것이라고 해요.

▲ 스피노사우루스
날씬한 몸매와 튼튼한 뒷다리가 있어서 먹이를 발견하면 쏜살같이 달려갔을 거예요.

2장 · 와글와글 공룡 세상

가장 똑똑한 공룡과 멍청한 공룡은 누구일까요?

트로오돈은 가장 똑똑한 공룡으로 알려졌어요. 몸집에 비해 뇌가 큰 편이었거든요. 어떤 사람들은 지금도 트로오돈이 살고 있다면, 인간처럼 머리가 좋은 생물로 진화했을 거래요. 가장 멍청한 공룡은 몸집에 비해 가장 작은 뇌를 가진 아파토사우루스예요. 또 뇌의 크기가 호두알만한 스테고사우루스도 있어요.

◀ 아파토사우루스
거대한 초식 공룡은 한가로이 나뭇잎만 뜯어 먹었기 때문에 머리를 쓸 필요가 없었지요.

▼ 트로오돈
몸놀림이 재빨랐으며, 눈이 커서 밤에도 사냥을 잘했어요.
오늘날 새와 비슷한 지능을 지녔다고 해요.

2장 · 와글와글 공룡 세상

가장 강한 공룡은 누구예요?

지금까지 알려진 공룡의 최강자는 폭군 도마뱀, 티라노사우루스예요. 티라노사우루스 무리에는 다양하고 커다란 육식 공룡이 속해 있어요. 그중 가장 강한 공룡은 티라노사우루스 렉스, 또는 티렉스라고 불리는 공룡이랍니다. 어떤 사람들은 이 공룡의 움직임이 둔해서 사냥보다는 죽은 동물을 찾아다녔을 거라고 하지만 무시무시한 이빨로 먹잇감의 뼈까지 으깨는 모습을 본다면 모두 무서워했을 거예요.

▼다스플레토사우루스
깜짝 놀랄 도마뱀이라는 뜻이에요. 주로 커다란 각룡류(뿔 공룡)를 사냥했어요.

◀알베르토사우루스
티렉스보다 발이 가늘고 날렵해서 꽤 빠르게 달렸을 거예요.

▼티라노사우루스 렉스
성질이 아주 사나워요. 영리하고 거리 감각도 뛰어난 훌륭한 사냥꾼이지요.

▶알리오라무스
코 부분에 작은 뿔처럼 울퉁불퉁한 가시가 줄지어 있어요.

▶알로사우루스
아래턱을 크게 벌릴 수 있어서 커다란 살덩이도 한입에 베어 먹었어요.

2장 · 와글와글 공룡 세상

아시아 최강의 공룡은 누구일까요?

놀라게 하는 도마뱀이라는 뜻의 타르보사우루스는 아시아에서 발견된 육식 공룡 중에서 가장 몸집이 커요. 그러니 타르보사우루스를 보고 놀란 공룡들이 무척 많았겠지요. 티라노사우루스 렉스와 많이 닮았지만, 몸집이 좀 더 작고 두개골의 모양이 달라요.

그래도 날카로운 이빨이 있어 한번 먹이를 물면
놓지 않을 정도로 힘이 대단했어요. 아시아가
한 덩어리였을 때 대륙을 누비며 다녔어요.

▲**타르보사우루스**
먹잇감을 사냥할 때는
커다란 머리와 강력한
이빨을 이용했다고 해요.

2장 · 와글와글 공룡 세상

거대한 공룡은 어떻게 다녀요?

용각류는 도마뱀과 같은 파충류의 다리를 가진 무리라는 뜻이에요. 이 무리에 속하는 공룡들은 대부분 몸집이 큰 초식 공룡이지요. 얼마나 몸집이 컸냐고요? 지금까지 지구에 살았던 동물 중에서 가장 큰 동물이 바로 용각류에 속한 공룡들이에요.

용각류 공룡들은 거대한 몸을 지탱하기 위해서 기둥처럼 생긴 튼튼한 네 발로 걸어 다녔어요. 또 머리는 작고 목과 꼬리가 아주 길었답니다.

▲세이스모사우루스
걸을 때마다 땅이 흔들릴 정도로 몸집이 커서 지진 도마뱀이란 이름이 붙었어요.

2장 · 와글와글 공룡 세상

원시 용각류는 어떤 공룡이에요?

원시 용각류로 불리는 이 공룡들은 트라이아스기에 살았어요. 그때부터 이미 큰 몸집을 자랑했지요. 이 공룡들이 살았을 때는 지구가 한 덩어리였기 때문에 세계 곳곳에서 화석이 발견됐어요. 하지만 종류는 많지 않아요. 쥐라기가 되면서 모두 사라졌거든요. 원시 용각류 중에는 두 발로 걷는 공룡도 있고 네 발로 걷는 공룡도 있어요. 용각류의 조상이라고 하는데, 최근에는 용각류의 조상이 아닐 거라고 말하는 학자들도 있어요.

▼무스사우루스
생쥐 도마뱀이라는 뜻이에요. 가장 초기의 공룡으로 알의 크기는 메추리알 정도예요.

▼ **테코돈토사우루스**
가장자리에 톱니가 있는 이를 가졌어요.
무리와 비교하면 머리가 크고
네 발이 길고 가늘어요.

▶ **마쏘스폰딜루스**
튼튼한 척추라는 뜻이에요.
네 발로 걸어 다녔지만,
두 발로 설 수도 있어요.

▶ **안치사우루스**
가까운 도마뱀이라는 뜻이에요.
하지만 실제 몸길이가
도마뱀보다 컸어요.

▲ **플라테오사우루스**
납작한 도마뱀이라는
뜻이에요. 최초의 초식
공룡으로 큰 무리를
이루며 살았어요.

▶ **불카노돈**
화산의 이빨이라는
뜻이에요. 가장
원시적인 용각류로
분류되지요.

2장 · 와글와글 공룡 세상

목이 긴 공룡은 무엇을 먹었어요?

목이 아주 긴 공룡들이 있었어요.
어떤 공룡은 목 길이가 전체 길이의 반을 넘기도 해요.
그래서 기린처럼 키가 큰 나무의 잎도 잘 먹었을 거예요.
그런데 반대 의견을 주장하는 사람들도 있어요.
목이 긴 공룡들을 살펴보면, 뼈의 구조 때문에 목을 높게
들어 올릴 수 없다는 거예요. 대신 목을 좌우로 움직이며
그리 높지 않은 곳에 있는 나뭇잎을 넓게 훑으며
먹었을 거래요.

◀ **마멘치사우루스**
목의 길이가 전체 길이의
절반을 차지해요.

Dinosaur

▼오메이사우루스
목이 특히 길어서 전체 길이의 반이 넘어요.

▶에우헬로푸스
우리나라 공룡인 천년부경용과 같은 무리라고 여겨져요.

꼬리를 무기로 사용한 공룡이 있어요?

두 개의 나무 기둥, 고래 도마뱀, 무거운 도마뱀,
이름만 들어도 커다란 몸집이 상상되나요?
이 공룡들은 몸집뿐만 아니라 목도 길고 꼬리도 길어요.
특히, 가늘고 긴 꼬리는 좋은 무기로 사용되었지요.
이 공룡들의 거대한 몸집을 보고도
겁 없이 다가오는 공룡들이 있으면,
휙휙 채찍처럼 꼬리를 휘둘렀답니다.

▶ 케티오사우루스
고래 도마뱀이라는 뜻이에요. 용각류 공룡 중 가장 처음 발견되었어요.

▲ 바로사우루스
디플로도쿠스와 닮았지만, 목은 더 길고 꼬리는 좀 짧아요.

◀ 디플로도쿠스
두 개의 기둥이라는 뜻이에요. 의사소통을 하거나 사랑을 얻을 때도 긴 꼬리를 사용했어요.

2장 · 와글와글 공룡 세상

목이 짧아도 멋진 공룡은 누구예요?

꼬리를 채찍처럼 휘둘렀던 공룡 중에는 목이 짧은 공룡들도 있어요. 그렇다고 거북이 목처럼 짧은 건 아니에요. 다른 용각류와 비교해서 목이 짧다는 거예요. 대신 이 공룡들에게는 돌기가 있었어요.

▼아마르가사우루스
등뼈 전체에 돌기가 있어요.

디크라에오사우루스는 목과 등뼈의 돌기가 매우
높아서 등이 두 개로 갈라져 보였어요.
또, 아마르가사우루스는 말갈기처럼 목에
긴 돌기가 있어서 정말 멋지답니다.

▶ 디크라에오사우루스
목이 짧고 머리가 아래쪽으로 붙어 있어서
키 작은 식물을 먹었어요.

2장 · 와글와글 공룡 세상

등이 평평한 공룡이 있어요?

앞발과 뒷발의 길이가 거의 같은 공룡이 있어요.
이 공룡은 어깨와 허리의 높이가 거의 비슷해서
등이 평평하게 수평을 이루지요. 게다가 몸집이 아주 커요.
이런 공룡의 등에 올라타면 매우 편안하겠죠?
이 공룡들은 주로 뾰족뾰족한 침엽수 잎을 먹었으며,
이빨이 숟가락 모양이에요. 그래서 오물오물
씹기보다는 한 번에 쏴악 훑기에 좋았답니다.

▼ **카마라사우루스**
척추뼈 안에 널찍한 구멍이 있어 방 도마뱀이라는 이름을 얻었어요. 다른 용각류에 비해 목과 꼬리가 짧지요.

콧구멍이 왜 머리 꼭대기에 있을까요?

브라키오사우루스는 다른 공룡보다 앞발이 발달되어 있어요. 그래서 팔 도마뱀이라고 부르지요. 브라키오사우루스는 키가 커서 뜨거운 햇빛을 그대로 받아야 했어요. 그러니 머리는 점점 뜨거워지고, 머리를 식힐 찬 공기가 필요했어요. 그래서 머리 꼭대기에 코뼈가 튀어나와 있고, 거기에 콧구멍이 있어요. 브라키오사우루스는 거대한 몸집을 유지하기 위해 많은 양의 나뭇잎을 먹었답니다.

초기의 학자들은 브라키오사우루스가 물에서 생활하면서 콧구멍만 밖으로 내놓고 숨을 쉬었다고 생각했어요.

▶브라키오사우루스
머리 무게를 줄이기 위해 머리뼈에 많은 구멍이 있는 것으로 생각하고 있어요.

아르헨티나에 공룡이 많이 살았어요?

가장 무거운 공룡 중 하나인 아르헨티노사우루스는 어디에서 발견되었을까요? 이름만 들어도 바로 떠오르지요? 아르헨티나의 도마뱀, 바로 아르헨티나라는 나라예요. 아르헨티나에서 공룡 화석이 많이 발견되는 이유는 건조한 지역이 아주 넓게 퍼져 있기 때문이에요. 특히 이 지역에는 아르헨티노사우루스처럼 몸집이 큰 초식 공룡들이 많이 살았어요.

▼리오자사우루스
아르헨티나의 '라 리오자'에서 발견됐어요.
용각류 공룡의 조상이에요.

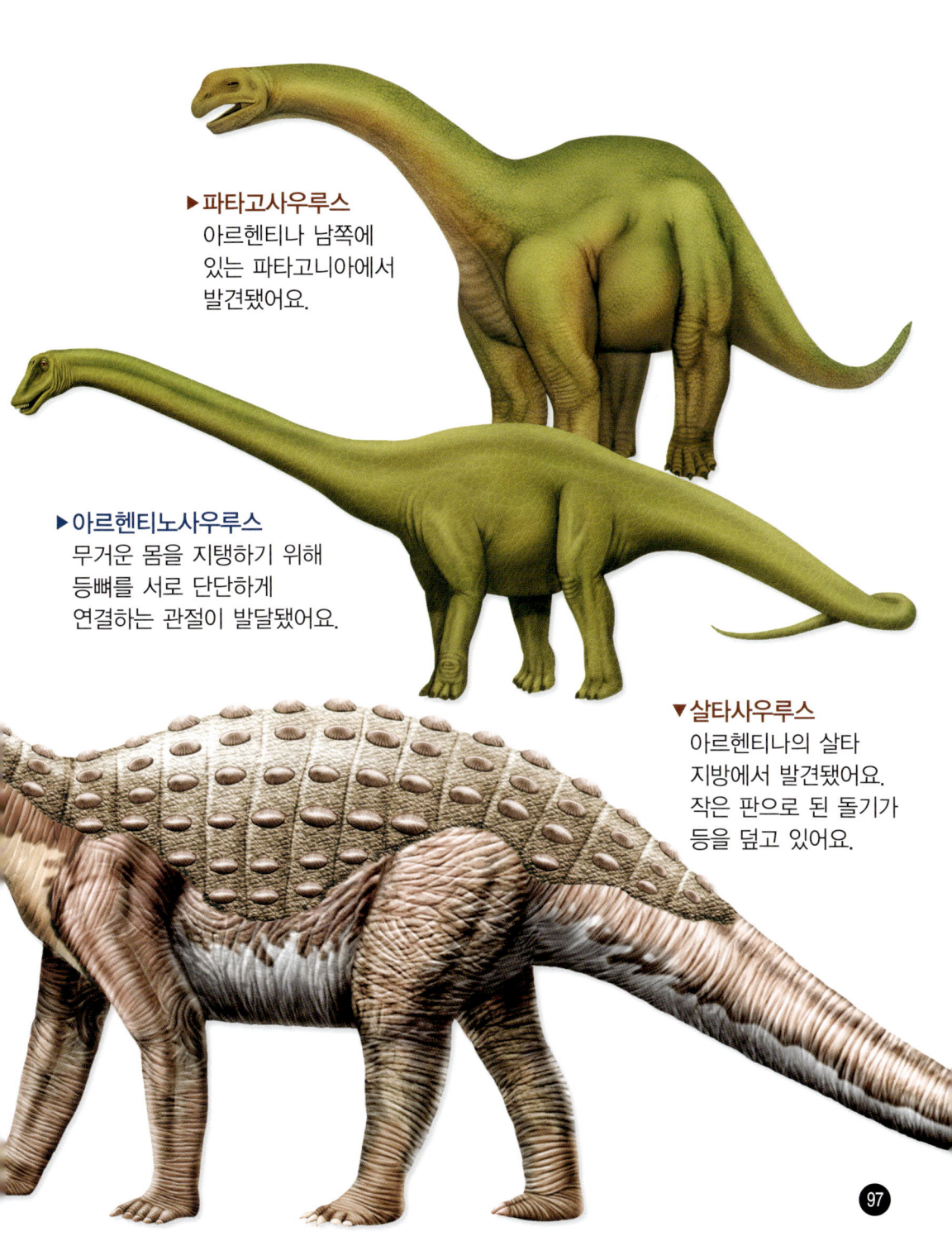

▶ **파타고사우루스**
아르헨티나 남쪽에 있는 파타고니아에서 발견됐어요.

▶ **아르헨티노사우루스**
무거운 몸을 지탱하기 위해 등뼈를 서로 단단하게 연결하는 관절이 발달됐어요.

▼ **살타사우루스**
아르헨티나의 살타 지방에서 발견됐어요. 작은 판으로 된 돌기가 등을 덮고 있어요.

2장 · 와글와글 공룡 세상

중국에서 발견한 공룡은 무엇일까요?

같은 종류의 공룡이 많이 발견되는 나라가 있는가 하면, 다양한 종류의 공룡이 발견되는 나라도 있어요. 중국이 그런 나라 중 하나예요. 몸집이 커다란 용각류, 삐쭉빼쭉 골판이 솟아 있는 검룡류, 오리주둥이처럼 생긴 조각류까지 정말 다양해요. 중국에서 발견된 공룡들에게는 대부분 발견된 지역의 이름을 붙였답니다.

▼양추아노사우루스
  중국의 양춘 지방에서 발견된 육식 공룡이에요.

▼후양고사우루스
  초식 공룡으로 골판과 가시가 있는 검룡류에 속해요.

2장 · 와글와글 공룡 세상

튼튼한 방패로 무장한 공룡이 있을까요?

어떤 공룡들은 전쟁에 나가는 장수처럼 온몸을 튼튼하게 무장하고 있어요. 뼈로 된 골판, 그리고 골침이 이들의 무기도 되었다가 방패도 되지요. 등에 골판이 줄지어 서 있는 스테고사우루스 같은 검룡류와 골편과 가시로 갑옷처럼 온몸을 감싸고 있는 안킬로사우루스 같은 곡룡류가 이 무리에 속한답니다. 대부분 네 발로 걸어 다니면서 식물을 먹었던 초식 공룡이에요.

▶노도사우루스
혹이 많은 갑옷으로 무장되어 있어 우둘투둘한 도마뱀이라는 이름이 붙었어요.

▶스테고사우루스
검룡류 대표 공룡으로 골판이 솟아 있어요.

▶ **안킬로사우루스**
큰 골편이 서로 연결된 듯 온몸을 감싸고 있어요.

▼ **에우오플로케팔루스**
머리에도 뾰족한 뿔이 나 있어요.

몸이 딱딱한 뼈로 덮여 있어요?

튼튼한 갑옷을 입은 공룡 무리 중 가장 초기의 공룡들은 악어처럼 온몸이 골편으로 덮여 있어요.
골편이 허벅지나 꼬리 아래, 배 옆까지 감싸고 있지요.
그런데 골편은 어떤 모양이었을까요?

▼ 스켈리도사우루스
갑옷을 입은 무리의 조상이에요. 전체 모습은 곡룡같지만, 머리 모양은 검룡류와 비슷해요.

삼각형 골편, 커다란 원형 골편 등 여러 가지 모양의 골편이 있었어요. 이들은 투박하고 무거운 다른 갑옷 공룡들과 비교하면 무척 날씬했기 때문에 몸놀림도 재빨랐답니다.

▼민미
머리는 거북 모양이고, 입은 부리 모양이에요.

2장 · 와글와글 공룡 세상

골판이 어떤 일을 했어요?

검룡류 공룡의 등에는 검을 나란히 꽂아 놓은 것처럼 골판이 나 있어요. 또 꼬리 등에 골침이 달린 것도 있고요. 어떤 과학자들은 검룡류 공룡들이 골판으로 자신을 보호했을 것이라 추측하고 있고, 또 몸의 체온을 조절하는 데 사용했을 것이라 추측하고 있지요. 어쩌면 순간적으로 색을 바꿔서 적을 놀라게 하거나 친구들에게 신호를 보냈을지도 몰라요. 사실 아직까지 골판이 어떤 일을 했는지 정확히 밝혀지지 않았어요.

▼**스테고사우루스**
등줄기를 따라 넓적하게 골판이 나 있어요.

골침이 어떤 일을 했어요?

곡룡이란 가슴 부분을 이루는 뼈가 심하게 휜 공룡이란 뜻이에요. 곡룡들은 대부분 몸통이 넓적해요. 그리고 온몸이 튼튼한 갑옷으로 싸여 있지요.
특히 사우로펠타는 머리부터 꼬리까지 골편이 돋아 있어 방패 도마뱀이라는 이름을 얻었어요.
곡룡 중에는 목과 몸 옆 부분에 커다란 골침이 있는 공룡이 많아요. 곡룡의 이런 특징을 보고 옆으로 몸을 부딪쳐 다른 공룡의 공격을 막아 냈다고 생각하는 사람들도 있어요.

◀ **사우로펠타**
옆구리에 뿔처럼 뾰족한 골침이 있어요.

▼폴라칸투스
어깨에서 등까지 큰 골침이 있어요.

▼민미
머리 뒤에 작은 뿔이 네 개 솟아 있어요. 옆구리에서 꼬리 쪽으로 골침이 나 있어요

◀힐라에오사우루스
안킬로사우루스와 닮았지만, 꼬리에 꼬리 곤봉이 없고 옆구리에 골침이 있어요.

2장 · 와글와글 공룡 세상

꼬리 끝에 곤봉이 달려 있어요?

어떤 공룡들은 꼬리 끝에 무기가 달려 있어요. 꼬리 끝이 커다란 뼈 뭉치로 되어 있거든요. 적이 나타나면 뭉뚝한 꼬리를 곤봉처럼 붕붕 휘둘렀어요. 제아무리 몸집이 큰 육식 공룡이라도 뼈 뭉치에 한 대 맞으면,

▼안킬로사우루스
사람의 머리만 한 편평한 뼈 뭉치가 꼬리 끝에 달려 있어요.

엄청난 충격을 받았을 테니
선불리 공격하지는
못했을 거예요.

▼에우오플로케팔루스
꼬리 끝에 30kg 정도되는
무거운 뼈 뭉치가 달려 있어요.

진짜 새의 조상은 누구예요?

조각류는 새처럼 긴 다리를 지닌 무리라는 뜻이에요.
생김새도 새와 많이 닮았지만, 새의 조상은 아니랍니다.
새의 조상은 티라노사우루스 렉스로 유명한
수각류 무리예요. 대부분의 공룡이 환경에 따라 진화했던
것처럼 이 무리도 시간이 지나면서 조금씩 달라졌답니다.
몸집이 점점 커졌을 뿐만 아니라 입 끝의 이빨은 없어지고,
턱 안쪽의 이빨은 점점 많아졌지요.
덕분에 거친 식물도 잘 갈아 먹었어요.

▲드리오사우루스
두 발로 걸었으며 작은 앞발은
먹이를 움켜잡을 수 있었어요.

▼코리토사우루스
헬멧 도마뱀이란 뜻으로, 앞발은 뭉툭하고, 뒷발에는 큰 발톱이 있어요.

원시 조각류의 이빨은 어떻게 생겼어요?

원시 조각류는 대부분 두 가지 모양의 이빨을 가졌어요. 높고 구불거리는 이빨이라는 뜻의 힙실로포돈은 입 끝에 못처럼 뾰족한 이빨이 있었고, 턱에는 구불거리는 나뭇잎 모양의 이빨이 있었지요. 나뭇잎을 뜯기 위한 이빨과 나뭇잎을 씹기 위한 이빨이 서로 달랐거든요.

▲힙실로포돈
강력한 턱과 먹이를 잘게 부수는 이빨이 있어요.

특히, 헤테로돈토사우루스는 커다란 송곳니까지 있어서 모두 세 종류의 이빨이 있었지요. 그래서 서로 다른 이빨을 가진 도마뱀이라는 이름이 붙었어요.

▲ **헤테로돈토사우루스**
송곳니는 수컷에게만 있어요. 무리의 우두머리 자리나 암컷을 차지하기 위해 힘겨루기를 할 때 이 송곳니를 사용했어요.

사람 이름을 붙인 공룡이 있어요?

파르크소사우루스는 캐나다 수집가인 윌리엄 파크의 이름을 붙였어요. 레아엘리나사우라는 이 공룡을 발견한 리치 부부의 딸 이름인 리엘린의 이름을 붙였지요. 회사 이름을 붙인 공룡도 있어요. 아틀라스콥코사우루스는 화석을 발굴할 수 있도록 돈을 낸 아틀라스콥스라는 회사 이름을 붙인 거예요.

▼**파르크소사우루스** 몸집이 작은 초식 공룡으로 뒷다리와 꼬리가 매우 발달했어요.

▲**아틀라스콥코사우루스** 레아엘리나사우라와 같은 무리의 공룡으로 몸집이 더 크고 이빨에 깊은 세로줄이 있어요.

▼**레아엘리나사우라** 극지방에서 살았던 공룡이에요. 추위에도 잘 견뎠으며, 눈이 커서 어둡고 추운 겨울에도 앞을 잘 봤어요.

처음 발견된 공룡 화석은 무엇일까요?

1882년, 이구아노돈 화석을 처음 발견했을 때 아무도 공룡인 줄 몰랐어요. 처음에는 이빨만 발견됐거든요. 아무리 봐도 처음 보는 동물의 것인데, 매우 큰 이구아나와 닮아서 이구아나의 이빨이라는 뜻으로 이구아노돈이라는 이름을 붙였어요. 그리고 몇 년이 지나서야 이구아노돈이 공룡이라는 걸 알았답니다. 이구아노돈과 닮은 공룡으로는 구부러진 도마뱀이라는 뜻의 캄프토사우루스가 있어요. 길게 나온 턱과 이빨 모양이 비슷하지요.

◀ **캄프토사우루스**
두 다리로 걷기도 하고 네 다리로 걷기도 했어요.

▼이구아노돈
무리 지어 생활했으며 성격이 온순한 초식 공룡이에요.

오리주둥이 공룡의 조상은 누구예요?

오리주둥이 공룡은 조각류에 속하는 공룡이에요. 주둥이가 오리주둥이처럼 길고 납작하게 생겼지요. 하드로사우루스과 공룡을 포함한 공룡 무리로 머리에 뼈로 된 볏이 작은 것도 있고 없는 것도 있답니다. 그리고 이빨이 수백 개 나 있어 나뭇잎을 잘게 으깨 먹지요.

◀ 하드로사우루스
가장 먼저 발견한 오리주둥이 공룡으로 머리에 볏이 없는 오리주둥이 공룡을 대표해요.

오리주둥이의 조상은 프로박트로사우루스랍니다.
공룡의 이름은 백악기 전기에 살았던
박트로사우루스라는 공룡 이름 앞에 '원시의,
이전의' 라는 뜻의 '프로' 라는 단어가 붙었지요.
그러니까 프로박트로사우루스는
원시 박트로사우루스라는 뜻이지요.

▼프로박트로사우루스
보통 오리주둥이 공룡보다 몸집이 작고 이빨의 수도 적어요.

◀박트로사우루스
내몽골에 있는 박트리아라는 지역에서 발견되었어요.

2장 · 와글와글 공룡 세상

거대한 입을 가진 공룡은 누구예요?

오리주둥이 공룡 중에서도 아나토티탄은 특히 입이 넓적해요. 그래서 거대한 오리라는 이름을 얻었어요. 아나토티탄은 무려 천 개나 되는 이빨을 가지고 있지요. 오리주둥이 공룡들은 대부분 성격이 온순하고 무리를 지어 생활했답니다.

▶ 아나토티탄
커다란 뒷다리와 튼튼한 등뼈를 가지고 있어요.

◀ **에드몬토사우루스**
오리처럼 생긴 부리와 앞발과 뒷발의 발톱이 뭉툭했어요.

▶ **마이아사우라**
좋은 어미 도마뱀이란 뜻처럼 무리가 함께 알과 새끼를 돌봤어요.

◀ **크리토사우루스**
귀족 도마뱀이라는 뜻이에요. 머리의 볏이 콧구멍과 연결돼 있어요.

오리주둥이 공룡의 볏은 어떤 일을 했어요?

2장 · 와글와글 공룡 세상

사우롤로푸스는 몸집이 큰 오리주둥이 공룡이에요. 사우롤로푸스의 머리에는 큰 볏이 있어요. 이 볏은 콧구멍까지 연결되어 소리를 크게 낼 수 있는 울림통 역할을 했어요. 그리고 오리주둥이 공룡 중에는 머리에 작은 볏이 있는 공룡들도 있었어요. 그중에는 사우롤로푸스 이전의 공룡이라는 뜻으로 프로사우롤로푸스라고 이름을 붙인 공룡도 있답니다.

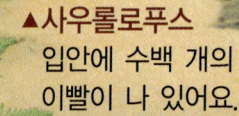
▲사우롤로푸스
입안에 수백 개의 이빨이 나 있어요.

▶프로사우롤로푸스
부리는 짧고 눈 위에 혹 같은 돌기가 있어요.

공룡의 볏은 어떤 일을 했을까요?

공룡의 볏은 여러 가지 모양이에요.
2미터가 넘는 기다란 볏도 있고, 헬멧을 쓴 것처럼
보이는 볏도 있지요. 머리에 있는 볏이 어떤 일을 하는지
정확히 알려지지 않았어요.
하지만 어떤 과학자들은 숨을 더 잘 쉴 수 있도록
코가 하는 일을 도와줬다고도 하고,
어떤 과학자들은 소리를 내는 악기와 같다고도 해요.
볏 모양은 암컷과 수컷이 서로 달랐어요.
어쩌면 볏을 보고 무리 안에서 서로를 알아보거나
암컷인지 수컷인지 구분했을지도 몰라요.

◀파라사우롤로푸스
속이 비어서 악기처럼 소리를 울리는 2m나 되는 긴 볏이 있어요.

▼ 코리토사우루스
머리 위에 반원 모양의 큰 볏이 있어서 헬멧을 쓴 것처럼 보여요.

▼ 람베오사우루스
앞쪽을 향한 큰 볏과 뒤쪽을 향한 돌기가 있어 도끼를 얹어 놓은 것 같아요.

2장 · 와글와글 공룡 세상

머리 모양이 독특한 공룡이 있어요?

머리가 특이하게 생긴 공룡들이 있어요. 매끈하고 편평한 머리의 완나노사우루스, 이마가 툭 튀어나와 경사진 머리의 프레노케팔레, 그리고 둥근 지붕을 씌운 것 같은 스테고케라스 모두 두꺼운 머리에 장식이 있는 후두류에 속해요.
후두류 공룡들은 두 발로 걸어 다녀서 앞다리가 작아요.
또 몸통과 꼬리가 두껍답니다.

▶ 스테고케라스
머리뼈는 두껍고 단단하며, 둥글고 위로 솟아 있어요.

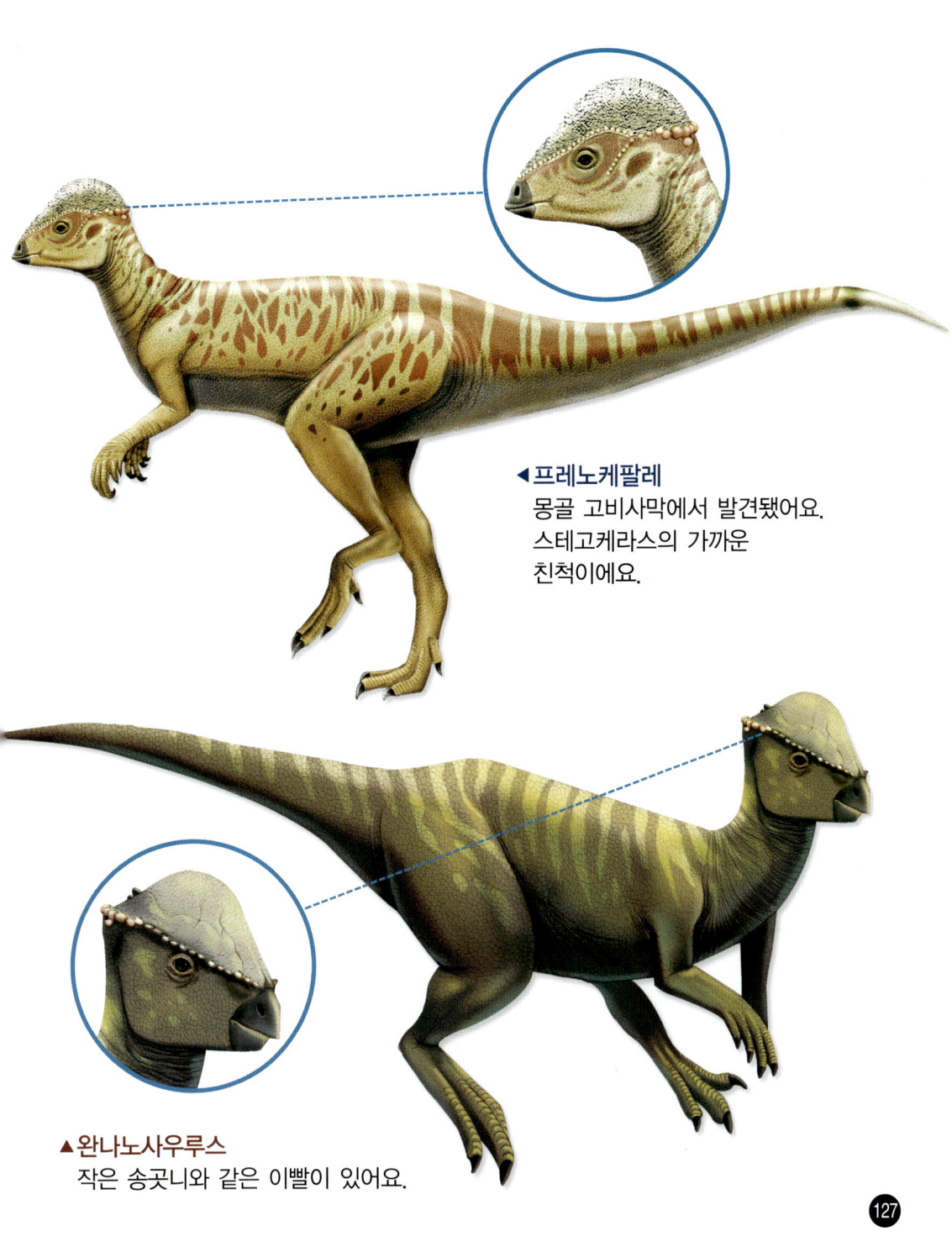

◀프레노케팔레
몽골 고비사막에서 발견됐어요.
스테고케라스의 가까운
친척이에요.

▲완나노사우루스
작은 송곳니와 같은 이빨이 있어요.

최강 박치기 선수 공룡은 누구예요?

후두류 공룡들을 박치기 공룡이라고 불러요.
머리뼈가 두껍고 단단하기 때문이지요.
특히 두꺼운 머리의 도마뱀이란 뜻의
파키케팔로사우루스는 머리뼈의 두께가 25cm나 돼요.
후두류는 나이가 들수록 머리뼈가 점점 두꺼워지며,
암컷보다 수컷의 머리뼈가 더 두꺼워요.

▼스티기몰로크
가시가 삐죽삐죽 솟은 머리를 보면,
지옥의 강, 스티키스에서 온 악마라는
이름처럼 악마가 떠올라요.

Dinosaur

그래서 무리의 우두머리를 결정하거나 육식 공룡과 맞서 싸울 때도 단단한 머리가 큰 힘이 되었을 거예요.

▼**파키케팔로사우루스**
크고 작은 뿔과 혹이 얼굴과 머리에 가득해요.

프릴이 달린 공룡이 있어요?

프로토케라톱스의 얼굴에는
주름진 물결 모양의 장식인 프릴이 있어요.
프릴은 성장할수록 점점 커지고 넓어져요.
특히 수컷의 프릴은 부채처럼 벌어져 있지요.
이런 프릴은 왜 있는 걸까요? 정확한 이유는
밝혀지지 않았지만, 프릴로 몸을 커 보이게 해서
다른 공룡들을 놀라게 했거나, 몸의 열을 내리는 데
필요했을 거라고 사람들은 생각해요.

◀프시타코사우루스
뿔도 없고 프릴도 없지만,
각룡의 조상으로
여겨지고 있어요.

▶ **렙토케라톱스**
목 부분에 평평하고 딱딱한 프릴이 있어요.

◀ **미크로케라톱스**
각룡류 중 가장 작지만, 프릴이 잘 발달되었어요.

▼ **프로토케라톱스**
프로토케라톱스처럼 목에 프릴 장식이 있거나 코 주위에 뿔이 있는 공룡 무리를 각룡류라고 해요.

2장 · 와글와글 공룡 세상

멋진 뿔이 있는 공룡은 누구일까요?

뿔 공룡이라고 불리는 각룡류 중에는 케라톱스라는 이름이 많아요. 케라톱스는 뿔이 있는 얼굴이라는 뜻이거든요.
그런데 각룡류 중에서 케라톱스라고 이름 붙혀지지 않은 공룡들이 더 멋진 뿔을 가지고 있기도 해요.
각룡류는 긴 뿔로 몸을 지키거나 다른 공룡을 공격했어요.

▼ 아르히노케라톱스
작은 코 뿔을 비롯해서 이마에 길고 뾰족한 뿔이 있어요.

▼ 카스모사우루스
프릴의 가장자리에는 돌기가 나 있어요.

▼ **센트로사우루스**
코 위에 한 개의 긴 뿔과 눈 위에 두 개의 작은 뿔이 있어요. 프릴 가장자리에도 작은 뿔이 나 있지요.

▼ **토로사우루스**
뿔을 가진 공룡 중에서 가장 큰 프릴을 가지고 있어요.

▲ **스티라코사우루스**
코에 긴 뿔이 있고 프릴의 가장자리에도 긴 뿔이 있어요.

▲ **파키리노사우루스**
코 위에 커다란 뼈 뭉치가 붙어 있고, 프릴 위에 뿔이 돋아 있어요.

이름으로 뿔이 몇 개인지 알 수 있어요?

다섯 개의 뿔이 달린 얼굴이라는 뜻의 펜타케라톱스는 실제로 뿔은 세 개지만, 뺨에 돋아난 돌기가 뿔처럼 뾰족하기 때문에 뿔이 다섯 개로 보여서 이런 이름을 얻었어요. 뿔이 있는 공룡 중에서 가장 이름이 알려진 트리케라톱스는 세 개의 뿔이 달린 얼굴이라는 이름처럼 세 개의 뿔을 가졌지요. 모노클로니우스는 하나의 뿔이라는 뜻이에요. 코 위에 긴 뿔이 하나 있지요. 하지만 실제로는 눈 위에는 작은 뿔이 두 개 더 있답니다.

▲ **모노클로니우스**
모노는 '하나의'라는 뜻이에요.

◀ **펜타케라톱스**
땅 위에 살았던 동물 가운데 머리가 가장 큰 편이었어요.

▼ 트리케라톱스
뿔 있는 공룡 중 몸집이 가장 커요. 커다란 뿔과 거대한 몸집 때문에 육식 공룡들이 함부로 덤비지 못했어요.

3장 · 신기신기 하늘 · 바다 파충류

익룡은 새일까요, 공룡일까요?

공룡은 트라이아스기부터 백악기까지 오랜 시간 지구의 땅을 차지했어요. 하지만 하늘의 주인은 익룡이었답니다. 익룡은 하늘을 난 최초의 척추동물이에요. 새처럼 날개를 가졌지만 깃털이 아니라 날개막으로 되어 있어요. 익룡은 새도 아니고 공룡도 아닌 하늘을 나는 파충류랍니다. 익룡은 쥐라기를 대표하는 람포린코이드 무리와 백악기를 대표하는 프테로닥틸로이드 무리로 나눌 수 있어요.

▶ 프테라노돈
몸집이 아주 커요.
날갯짓을 하기보다는
바람을 타며 날아다녀요.

▼람포린쿠스
부리 주둥이 날개라는 뜻이에요.
몸집이 작은 편이고,
긴 꼬리가 특징이에요.

꼬리에 왜 날개가 달려 있나요?

람포린코이드 익룡은 대부분 몸집이 작았어요. 하지만 부리는 매우 발달했지요. 물고기를 잘 잡도록 턱이 길고 이빨이 날카로웠답니다. 게다가 사다새처럼 물고기를 보관할 수 있는 주머니가 턱 밑에 있어요. 이 무리의 익룡은 머리가 무거운 편이라 꼬리가 길었어요. 그래야 균형을 잘 잡을 수 있거든요. 또 꼬리 끝에는 마름모 모양의 날개가 수직으로 있어요. 하늘을 날다가 방향을 바꾸고 싶으면 이 수직 날개로 방향을 조정했답니다.

▲ 아누로그나투스
람포린코이드 익룡이었지만 꼬리는 거의 없었어요.

◀ 페테이노사우루스
원시 익룡으로 날개는 짧고 꼬리는 길고 뻣뻣해요.

▶ 스카포그나투스
다른 익룡보다 뇌가 큰 편이에요. 눈이 좋아서 앞을 잘 봐요.

▶ 프레온닥틸루스
작지만 날카로운 이빨이 있어요.

두 가지 모양의 이빨을 가진 공룡은 누구예요?

디모르포돈은 '두 가지 모양의 이빨'이라는 뜻이에요. 앞쪽에는 뾰족하고 날카로운 이빨, 안쪽에는 아주 작은 이빨을 가지고 있어요.
그리고 '진짜 두 가지 모양의 이빨'이라는 이름을 가진 에우디모르포돈이라는 익룡도 있어요.
에우디모르포돈은 원시 익룡 중 하나예요. 에우디모르포돈은 큰 눈으로 먹이를 찾으며 물 위를 낮게 날아다녔어요.

◀디모르포돈
몸에 비해 머리가 아주 커요.
목은 짧지만, 꼬리는 길어요.

▼에우디모르포돈
날카로운 이빨과 뾰족한 턱을 가졌어요.

케찰코아틀루스는 어떻게 날아다녔어요?

공룡의 전성기가 쥐라기라면, 익룡의 전성기는 백악기였어요. 숫자도 많아지고 몸집도 점점 커졌지요. 그중에서 프테로닥틸로이드 익룡들은 파닥파닥 날갯짓을 하지 않았어요. 커다란 날개를 펼친 채 바람을 타고 날아다녔지요. 프테로닥틸로이드 익룡 가운데 케찰코아틀루스가 가장 눈에 띄었을 거예요. 날개를 펴면 길이가 12미터나 되는 가장 크고, 가장 무거운 익룡이었거든요.

▼트로페오그나투스
코와 턱 끝이 불룩 튀어나와 물고기를 잡을 때 방향을 잘 잡을 수 있었어요.

▼케찰코아틀루스
뼛속이 비어 있어서 바람을 타고 잘 날았어요.

▲오르니토케이루스
지구 곳곳에서 화석이 발견되는 것으로 보아 아주 먼 거리를 날아다녔을 거예요.

▲둥가립테루스
주둥이가 위로 휘어져 있어요. 뾰족한 끝부분을 뺀 나머지에는 이빨이 나 있답니다.

▼타페자라
머리 위에 화려하고 멋진 볏이 있어요.

익룡의 앞 발가락은 어떻게 생겼나요?

익룡의 앞 발가락은 특별해요. 특히 네 번째 발가락은 커다란 날개를 지탱하기 위해 길게 늘어났지요.
그래서 가장 먼저 발견한 익룡은 손가락을 가진 날개라는 뜻의 프테로닥틸루스라는 이름을 얻었어요.
프테로닥틸루스와 같은 무리의 익룡들은 주둥이가 길고 대부분 꼬리가 아주 짧답니다.

◀프테라노돈
이빨이 없지만 주둥이가 길어 물고기를 잘 잡았어요.

▲프테로닥틸루스
날개는 얇은 피부막으로 되어 있어요.

▼ **프테로다우스트로**
턱은 두껍고 끝이 뭉뚝하지만, 매우 긴 편이라 물 위에서 물을 뜨듯이 사냥했어요.

▼ **안항구에라**
옛날 악마라는 뜻이에요. 주둥이 위턱과 아래턱에 작은 볏이 달려 있어요.

3장 · 신기신기 하늘 · 바다 파충류

아주 옛날에도 거북이 살았어요?

공룡과 함께 트라이아스기에 등장한 동물이 있어요. 거북이에요. 무려 2억 1천만 년이나 된 바위에서 발견됐지요. 그래서 이름도 오래 된 거북이라는 뜻의 프로가노켈리스라고 붙여 주었어요. 원시 거북이지만, 딱딱한 부리를 이용해서 먹이를 먹는 모습은 오늘날의 거북과 같아요. 공룡은 사라졌지만, 거북은 여전히 여러 서식처를 누비며 살고 있답니다.

◀아르켈론
알을 낳을 때만 땅 위로 올라왔어요.

▼프로가노켈리스
딱딱한 부리로 먹이를 쪼아 먹었어요.

3장 · 신기신기 하늘 · 바다 파충류

바다에 공룡을 닮은 동물이 있어요?

공룡을 닮았지만, 공룡이 아닌 해양(바다) 파충류가 있어요. 그래서 거짓 도마뱀, 노토사우루스라고 해요. 노토사우루스는 배를 젓는 노 모양의 물갈퀴와 크고 긴 꼬리로 헤엄을 쳤어요.

▼ 라리오사우루스
대부분 해안에서 생활하다가 가까운 바다에서 헤엄을 쳤어요.

해양파충류 중에는 발이 지느러미로 변한 경우도 있어요. 또한 앞발이 튼튼하고 힘이 세서 땅 위로도 거뜬히 올라갔을 거예요. 하지만 트라이아스기가 끝날 무렵에는 모두 사라졌답니다.

▲노토사우루스
입이 오리주둥이를 닮았어요.
긴 목과 긴 꼬리를 가지고 있어요.

▼아스케프토사우루스
발이 넓적한 물갈퀴로 되어 있어요.
긴 턱에 날카로운 이빨이
줄지어 나 있어요.

어룡은 어떻게 생겼어요?

해양파충류 중에는 어룡도 있어요. 어룡은 물고기와 같은 날씬한 몸매에, 돌고래와 같은 매끈한 피부를 가졌어요. 잘 발달된 꼬리를 좌우로 흔들며 헤엄을 쳤는데, 한 시간에 40km는 갈 정도로 상어처럼 빨랐어요. 어룡의 눈동자는 뼈로 둘러싸여 있어서 물의 압력을 잘 견뎌 냈으며, 시력도 좋았어요. 어룡은 숨을 쉬기 위해 때때로 물 밖으로 머리를 내밀었어요. 아가미가 아니라 폐로 숨을 쉬거든요.

▲믹소사우루스
상어와 비슷하게 생겼으며 날카로운 원뿔 모양의 이빨이 있어요.

▲옵탈모사우루스
눈이 커서 어둡고 깊은 바다에서 먹이를 잘 찾았어요.

▲이크티오사우루스
배 속에서 알을 부화시킨 후 새끼를 낳았어요.

▶템노돈토사우루스
절단기 이빨 도마뱀이라는 뜻으로 길고 좁은 턱에 수많은 이빨이 줄지어 있어요.

◀에우리노사우루스
진짜 코 도마뱀이라는 뜻으로 턱 위는 아주 길고 아래는 짧아요.

3장 · 신기신기 하늘 · 바다 파충류

수장룡도 공룡이에요?

수장룡은 해양파충류 가운데 공룡을 가장 많이 닮은 파충류이며, 공룡은 아니에요. 수장룡 중에는 뱀처럼 목이 긴 무리와 목은 짧지만 턱이 강한 무리가 있어요. 헤엄칠 때는 노처럼 생긴 지느러미로 물살을 저어 헤엄쳤답니다.

▲ **플레시오사우루스**
지느러미로 힘차게 헤엄치며 먹이를 찾아다녔어요.

◀ **크립토클리두스**
물에 잘 뜨기 때문에 잠수하기 위해 돌멩이를 삼켰어요.

▲**리오플레우로돈**
성격이 포악해서
무엇이든 잡아먹었어요.

▼**크로노사우루스**
입이 매우 크고
날카로운 이빨이
줄지어 나 있어요.

▲**엘라스모사우루스**
목이 몸길이의 절반이 넘고
목에 비해 머리가 작아요.
수장룡 중에서 가장 몸이
길지요.

▶**마크로플라타**
주로 작은 물고기를
잡아먹었어요.

3장 · 신기신기 하늘 · 바다 파충류

바다의 지배자는 누구였나요?

물고기와 도마뱀을 섞어 놓은 것처럼 생긴 동물이 있어요.
뮤즈의 도마뱀으로 불리는 모사사우루스예요.
아마 긴 몸을 뱀처럼 좌우로 구불거리며 헤엄쳤을 거예요.
모사사우루스는 입을 아주 크게 벌릴 수 있어요. 입안에는
날카로운 이빨까지 있어 딱딱한 먹이도 잘 씹었지요.

▼틸로사우루스
짧고 억센 이빨로 무엇이든
잡아먹어서 바다의 난폭자라고 불려요.

어쩌면 바다 위로 낮게 날아다니는 익룡까지 잡아먹었을지 몰라요. 이만하면 바다의 지배자답죠? 하지만 땅 위로는 올라가지 못했답니다.

▼모사사우루스
입을 1m 정도 벌릴 수 있어서 통째로 먹이를 삼키기도 했어요.

3장 · 신기신기 하늘 · 바다 파충류

사우루스지만 공룡이 아니라고요?

공룡의 이름 끝에는 대부분 사우루스라는 단어가 붙어요. 그렇지만 사우루스가 붙는다고 모두 공룡은 아니에요.
사우루스라는 단어 뜻 그대로 진짜 도마뱀이에요. 플라노케팔로사우루스는 '편평한 머리의 도마뱀'이라는 뜻을 가진 도마뱀이에요. 주로 물에서 생활했어요. 아르데오사우루스는 '숲 도마뱀'이라는 뜻으로 턱이 튼튼해서 곤충이나 거미를 쉽게 잡아먹었답니다.

◀ 아르데오사우루스
오늘날의 도마뱀과 닮았어요.

▼플라노케팔로사우루스
몸에 비해 머리가 큰 편이에요. 목부터 기다란 꼬리까지 오돌토돌 돌기가 돋아 있어요.

공룡시대의 악어는 어떻게 생겼어요?

중생대를 살았던 파충류 중에는
악어도 있어요.
악어는 늪에만
살지 않았어요. 살짝 긴
다리로 땅 위를 기어 다니기도
하고, 바다에 살기도 했지요.
그중 바다악어는 백악기 전기에 모두 사라졌어요.
악어는 지금까지 살아남았지만, 현재 그 수가 점점 줄어드는
동물이라고 하니 어느 날, 공룡처럼 사라져 버릴지도
몰라요. 참, 쿨의 악어라는 이름을 가진 쿨라수쿠스는
사실 악어가 아니에요. 어류와 파충류의 중간인
양서류랍니다.

▲메트리오린쿠스
발가락에 있는 물갈퀴로 헤엄쳤어요.
피부가 딱딱하지 않아 재빠르게 움직였어요.
바다에 완전히 적응한 악어예요.

누가 새의 조상일까요?

아르케옵테릭스는 새의 조상으로 알려져 있어요. 그래서 시조새라고 하지요. 새처럼 깃털이 있고, 체온을 스스로 유지하는 온혈동물이에요. 학자들은 시조새를 보고 깃털 공룡이 시조새를 거쳐 새로 진화했다고 해요. 그런데 그렇지 않다는 학자도 있어요. 트라이아스기에 살았던 롱기스쿠아마 때문이에요. 새도 아니고 공룡도 아니면서 등에 긴 깃털 같은 조직이 달렸거든요. 그래서 롱기스쿠아마가 새의 조상이라고 주장하기도 하지만 널리 받아들여지고 있지는 않아요.

◀ 롱기스쿠아마
등에 있는 긴 깃털은 나무 사이를 옮겨 다니거나, 적을 위협할 때 사용했다는 여러 가지 의견이 있어요.

▲ 시조새(아르케옵테릭스)
공룡의 골격을 너무나
많이 닮았어요.

3장 · 신기신기 하늘 · 바다 파충류

공룡 시대에 다른 동물도 살았어요?

중생대는 공룡과 파충류의 전성기였어요. 하지만 포유류의 전성기가 될 신생대가 다가오면서 다양한 동물들이 등장했어요. 포유류의 조상으로 알려진 키노돈트, 포유류형 파충류였던 칸네메예리아와 플라케리아스, 파충류라고 하기엔 포유류에 가까워 보이는 올리고키푸스, 백악기 당시 가장 큰 포유류였던 디델포돈, 현재 새의 모습과 매우 비슷한 이베로메소르니스도 있었어요.

▼이베로메소르니스
시조새에서 한 단계 진화했어요.

▼디델포돈
공룡의 빈 둥지를 털어서 알을 먹었어요.

▲올리고키푸스
족제비와 생김새가 닮았으며, 앞니가 발달해 먹이를 잘 씹었어요.

◀ **칸네메예리아**
뿔 같이 딱딱한 입으로 나무를 통째로 뽑았어요. 이빨은 없지만, 턱 근육이 강해서 나뭇잎과 뿌리를 잘게 부수어 먹을 수 있었어요.

▲ **플라케리아스**
공룡이 나타나기 전부터 살았어요. 우락부락한 모습과는 달리 온순한 성격으로 무리 지어 다녔어요. 수컷끼리 싸울 때는 양쪽 입가에 튀어나온 어금니를 사용했어요.

Dinosaur

④ 궁금궁금 공룡발자취

4장 · 궁금궁금 공룡 발자취

공룡은 왜 사라졌을까요?

지구를 지배하던 공룡들은 어디로 갔을까요? 공룡이 갑자기 사라진 이유에 대해 과학자들은 여러 가지 설을 내놓았어요. 그중 가장 많은 과학자가 거대한 운석이 지구에 떨어지면서 지구의 환경이 순식간에 달라졌기 때문이라고 해요. 그 밖에도 화산 폭발로 생태계의 균형이 깨졌기 때문이라거나 날씨가 갑자기 추워졌기 때문이라는 과학자도 있어요.

공룡에 대해 어떻게 알 수 있나요?

4장 · 궁금궁금 공룡 발자취

공룡을 실제로 본 사람은 아무도 없어요. 하지만 공룡의
흔적이 남아 있는 화석으로 공룡에 대해 알 수 있지요.
화석은 뼈, 이빨, 발톱처럼 딱딱한 부분이 많아요.
깃털이나 똥은 물론 알이나 둥지, 심지어
발자국까지 화석으로 발견되기도 해요.
때로는 피부나 내장기관이 남아 있는
공룡의 미라가 발견되기도 한답니다.

공룡 화석은 어떻게 발굴해요?

화석은 아주 조심스럽게 다루어야 해요. 단단해 보이지만 부서지기 쉽거든요. 화석을 발견하면 접착제로 부서진 뼈를 고정시킨 뒤, 석고로 둥글게 싸서 원하는 장소로 옮겨요. 그러고 나서 석고를 떼어 내고 작은 드릴이나 바늘 같은 것으로 암석을 깎아내요. 이때 틈틈이 화석을 단단하게 해 주는 강화제를 뿌려요. 모든 뼈가 추려지면 공룡이 살아 있었던 모습대로 뼈대를 맞추어요. 부족한 부분은 다른 뼈대를 본떠서 원래 모습처럼 전체 뼈대를 만든답니다.

▲티라노사우루스 렉스
크기가 13m나 되는 거대한 육식 공룡이에요. 발자국을 보고 제법 빨리 달렸을 거라고 추측하고 있어요.

▲티라노사우루스 렉스 화석
1989년 발견되었으며 '슈'라는 애칭으로 불려요. 현재 미국 3대 자연사박물관 중 하나인 필드박물관(시카고자연사박물관)에 전시되어 있어요.

화석은 어디에서 찾아요?

4장 · 궁금궁금 공룡 발자취

지층에는 지구의 역사가 층층이 쌓여 있어요. 공룡의 화석을 찾으려면, 우선 공룡이 살았던 중생대 지층을 찾아야 해요. 시간이 흐르면서 지층이 겉으로 드러나야 비로소 화석을 찾을 수 있어요.

▶공룡국립공원
미국 콜로라도 주와 유타 주에 걸쳐 있는 공룡 화석지예요. 쥐라기 때 만들어진 지층으로, 공룡과 여러 척추동물 화석이 남아 있어요.

Dinosaur

게다가 남극처럼 눈이 쌓여 있는 곳이라면 발굴 작업이 쉽지 않아요. 공룡은 세계 곳곳에서 살았지만, 화석은 주로 미국과 캐나다, 중국과 몽골, 아르헨티나 등에서 많이 나온답니다.

▲ 브라키오사우루스의 화석
공룡국립공원과 아프리카 탄자니아에서 브라키오사우루스의 화석이 발견되었어요.

우리나라에도 공룡이 살았어요?

우리나라는 공룡 천국이었어요. 특히 백악기의 화성 시화호 지역은 여러 무리의 공룡들이 살았어요. 이곳에서 20여 개의 공룡 둥지가 발견되었는데, 둥지마다 5~6개, 많으면 12개의 공룡알이 있었어요. 껍데기로 보아 알의 주인은 초식 공룡과 육식 공룡이에요. 최근에는 이곳에서 백악기 초식 공룡의 뼈가 발견되었어요. 프로토케라톱스의 조상일 거라고 해요. 몽골의 프로토케라톱스보다 이천만 년 전쯤에 살았던 것으로 보고 있어요.

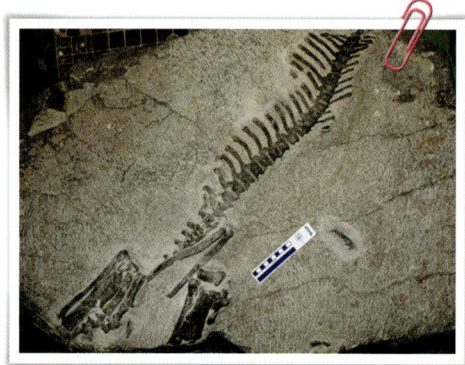

▲ **프로토케라톱스류의 화석**
2008년, 프로토케라톱스 조상으로 보이는 화석이 발견되었어요. 우리나라에서 처음 발견된 종류의 공룡 화석이에요.
제공: 화성시청

▲ **프로토케라톱스 모형**
'처음 뿔을 가진 도마뱀'이라는 뜻이에요. 지금까지 몽골과 중국에서 주로 발견되었어요.
제공: 공룡알화석산지 방문자센터

▶ **공룡알 둥지 화석**
2006년 삼존리에서도 공룡알 둥지 화석이 발견되었어요. 제공: 화성시청

▲ **화성공룡알화석산지** 1999년 시화호(화성시 고정리) 백악기 지층에서 공룡알 화석이 발견되어, 천연기념물 414호로 지정되었어요.

▼ **공룡알 화석들** 180여 개의 알과 알둥지 20여 개가 발견되었어요.
공룡알 화석은 공룡알화석산지 방문자센터(화성시 고정리)에서 직접 볼 수 있어요.

우리나라에도 공룡 발자국이 있어요?

어떤 고생물학자가 유라시아(유럽과 아시아) 대륙에서 공룡의 수도는 한국이라고 말했대요. 공룡 발자국이 집중적으로 찍힌 경상남도 고성을 방문하고는 깜짝 놀란 거예요. 지금까지 우리나라에서는 6천여 개의 공룡 발자국이 발견됐어요. 그런데 우리나라에는 이런 곳이 각지에 흩어져 있어요. 고성, 마산, 여수, 해남, 의성, 울산, 화순 등은 세계적인 공룡 발자국 유적지로 인정받고 있답니다.

▲마산 호계리 공룡 발자국 화석 산지
조각류에 속하는 공룡 발자국이 수 백여 개 발견되었어요.

▲해남 우항리 공룡 발자국 화석 산지
아시아 최초로 익룡의 발자국 화석이 발견되었어요.

▼ 고성 덕명리 공룡 발자국 화석 산지
우리나라에서 처음으로 공룡 발자국이 발견되었어요. 수천여 점의 공룡 발자국 화석이 발견되어 천연기념물 제411호로 보호받고 있어요.

공룡 찾아보기 Dinosaur

《우리 아이 상상력을 키워 주는 놀라운 공룡백과》에 등장하는 **171종**의 **공룡**을 한눈에 볼 수 있어요.
간추린 **공룡·파충류 정보**도 익히고
쪽수도 쉽게 찾을 수 있어요.

갈리미무스
Gallimimus 닭을 닮은 공룡
몸길이 4~6m
무게 110~125kg
- 분류 용반류, 수각류
- 생존 백악기 후기
- 화석 몽골
- 특징 다리가 가늘고 길어 빨리 달릴 수 있다.

70p 잡식

고르고사우루스
Gorgosaurus 고르곤 도마뱀
무게 2.5t
몸길이 8~9m
- 분류 용반류, 수각류
- 생존 백악기 후기
- 화석 미국, 캐나다
- 특징 티라노사우루스 렉스와 닮았다.

26, 34p 육식

기가노토사우루스
Giganotosaurus 거대한 남쪽 도마뱀
무게 8~10t
몸길이 13~15m
- 분류 용반류, 수각류
- 생존 백악기 전기
- 화석 아르헨티나
- 특징 민감한 후각을 갖고 있다.

48p 육식

노도사우루스
Nodosaurus 우둘투둘한 도마뱀
무게 2.7t
몸길이 4.5~6m
- 분류 조반류, 곡룡류
- 생존 백악기 전기
- 화석 북아메리카
- 특징 등에 울퉁불퉁한 골편이 있다.

100p 초식

노토사우루스
Nothosaurus 거짓 도마뱀
무게 400kg
몸길이 3~6m
- 분류 해양파충류
- 생존 트라이아스기 후기
- 화석 유럽, 아시아
- 특징 몸에 비해 목과 꼬리가 길다.

150p 육식

다스플레토사우루스
Daspletosaurus 깜짝 놀랄 도마뱀
무게 2~3.5t
몸길이 8~9m
- 분류 용반류, 수각류
- 생존 백악기 후기
- 화석 미국, 캐나다
- 특징 매우 사나우며 발 힘이 세다.

78p 육식

데이노니쿠스
Deinonychus 날카로운 발톱
무게 25~90kg
몸길이 3~5m
- 분류 용반류, 수각류
- 생존 백악기 전기
- 화석 북아메리카
- 특징 몸이 날렵하며 점프를 잘한다.

23, 53p 육식

드로마에오사우루스
Dromaeosaurus 달리는 파충류
무게 15~20kg
몸길이 1.8m
- 분류 용반류, 수각류
- 생존 백악기 후기
- 화석 북아메리카
- 특징 뒷발에 갈고리 발톱이 있다.

42, 53p 육식

드로미케이오미무스
Dromiceiomimus 에뮤를 흉내 낸
무게 100~150kg
몸길이 3.5m
- 분류 용반류, 수각류
- 생존 백악기 후기
- 화석 북아메리카
- 특징 달리기를 매우 잘한다.

70p 육식

드리오사우루스
Dryosaurus 떡갈나무 도마뱀
무게 1t, 몸길이 3~4m
- 분류 조반류, 조각류
- 생존 쥐라기 후기
- 화석 북아메리카, 유럽, 아프리카
- 특징 부리가 뿔처럼 생겼다.

110p 초식

등가립테루스
Dsungaripterus 중국산 날개
무게 10kg
날개길이 3m
- 분류 익룡류
- 생존 백악기 전기
- 화석 중국
- 특징 주둥이가 핀셋 모양이다.

145p 육식

디델포돈
Didelphodon 주머니쥐 이빨
몸길이 0.2~0.4m
- 분류 원시포유류
- 생존 백악기 후기
- 화석 북아메리카
- 특징 이빨은 매우 뾰족하고 턱이 발달했다.

164p 육식

디모르포돈
Dimorphodon 두 가지 모양의 이빨
무게 8~12kg
날개길이 0.75~1.2m
- 분류 익룡류
- 생존 쥐라기 전기
- 화석 유럽
- 특징 머리가 매우 크고 목이 짧다.

142p 육식

디크라에오사우루스
Dicraeosaurus 등이 갈라진 도마뱀
무게 15t
몸길이 12~13m
- 분류 용반류, 용각류
- 생존 쥐라기 후기
- 화석 아프리카
- 특징 등뼈가 불룩 솟아 있다.

91p 초식

디플로도쿠스
Diplodocus 두 개의 기둥
무게 10~20t
몸길이 25~27m
- 분류 용반류, 용각류
- 생존 쥐라기 후기
- 화석 북아메리카
- 특징 꼬리가 매우 가늘고 길다.

41, 89p 초식

딜로포사우루스
Dilophosaurus 두 개의 볏이 달린 도마뱀
무게 400~450kg
몸길이 6~7m
- 분류 용반류, 수각류
- 생존 쥐라기 전기
- 화석 북아메리카
- 특징 머리에 볏이 두 개 달렸다.

49, 59p 육식

라리오사우루스
Lariosaurus 호수 도마뱀
무게 1kg
몸길이 0.2~0.6m

150p
- 분류 해양파충류
- 생존 트라이아스기 중기
- 화석 스위스, 독일
- 특징 몸집이 매우 작다.

육식

람베오사우루스
Lambeosaurus 람베 도마뱀
무게 6t, 몸길이 9m

35, 125p
- 분류 조반류, 조각류
- 생존 백악기 후기
- 화석 미국, 캐나다, 멕시코
- 특징 네 발로 걷고, 두 발로 걸을 수 있다.

초식

람포린쿠스
Rhamphorhynchus
부리 주둥이 날개
무게 10kg
날개길이 1~2m

139p
- 분류 익룡류
- 생존 쥐라기 후기
- 화석 유럽, 아프리카
- 특징 턱에 턱주머니가 있다.

육식

레아엘리나사우라
Leaellynasaura 리엘린의 도마뱀
무게 10k
몸길이 2~3m
115p
- 분류 조반류, 조각류
- 생존 백악기 전기
- 화석 오스트레일리아
- 특징 눈이 크고 밤에 잘 볼 수 있다.

초식

렙토케라톱스
Leptoceratops 가는 뿔을 가진 얼굴
무게 54kg, 몸길이 2m

131p
- 분류 조반류, 각룡류
- 생존 백악기 후기
- 화석 캐나다, 미국
- 특징 뿔은 없고 목 부분에 평평한 프릴이 있다.

초식

렉소비사우루스
Lexovisaurus 렉소비의 도마뱀
무게 2t
몸길이 5m

29, 104p
- 분류 조반류, 검룡류
- 생존 쥐라기 중기
- 화석 영국, 프랑스
- 특징 크고 얇은 골판이 있다.

초식

롱기스쿠아마
Longisquama 긴 비늘
무게 5kg
몸길이 20cm

162p
- 분류 원시파충류
- 생존 트라이아스기 후기
- 화석 키르기스스탄(중앙아시아)
- 특징 등에 비늘처럼 긴 조직이 있다.

육식

루펭고사우루스
Lufengosaurus 루펜의 도마뱀
무게 1~4t, 몸길이 6~7m
99p
- 분류 용반류, 원시용각류
- 생존 트라이아스기 후기~쥐라기 전
- 화석 중국
- 특징 넓적한 뒷다리로 일어설 수 있었다.

초식

리오자사우루스
Riojasaurus 리오자 도마뱀
무게 4.5t, 몸길이 11m
96p
- 분류 용반류, 원시용각류
- 생존 트라이아스기 후기
- 화석 아르헨티나
- 특징 네 발로 걷고, 꼬리가 길다.

초식

리오플레우로돈
Liopleurodon 매끄러운 이빨
무게 50~150t, 몸길이 12~15m

155p
- 분류 해양파충류
- 생존 쥐라기 후기
- 화석 유럽, 남아메리카
- 특징 돌출된 앞니가 있다.

육식

마멘치사우루스
Mamenchisaurus 마멘치의 도마뱀
무게 30~35t
몸길이 21~25m

48, 86p
- 분류 용반류, 용각류
- 생존 쥐라기 후기
- 화석 중국
- 특징 공룡 중 목이 가장 길다.

초식

마쏘스폰딜루스
Massospondylus 튼튼한 척추
무게 200k
몸길이 4~5m
85p
- 분류 용반류, 원시용각류
- 생존 쥐라기 전기
- 화석 아프리카
- 특징 구부러진 큰 발톱이 있다.

초식

마이아사우라
Maiasaura 좋은 어미 도마뱀
무게 4t
몸길이 9~10m

24, 43, 121p
- 분류 조반류, 조각류
- 생존 백악기 후기
- 화석 북아메리카
- 특징 납작한 주둥이를 가졌다.

초식

마크로플라타
Macroplata 큰 판
몸길이 4.5m

155p
- 분류 해양파충류
- 생존 쥐라기 전기
- 화석 영국
- 특징 바늘처럼 날카로운 이빨이 있다.

육식

만추로사우루스
Mandschurosaurus 만추리안 도마뱀
무게 3t
몸길이 8m
37, 99p
- 분류 조반류, 조각류
- 생존 백악기
- 화석 중국
- 특징 오리주둥이 공룡이다.

초식

메갈로사우루스
Megalosaurus 큰 도마뱀
무게 1~1.5t, 몸길이 7~10m

60p
- 분류 용반류, 수각류
- 생존 쥐라기 중기
- 화석 영국
- 특징 전형적인 육식 공룡이다.

육식

메트리오린쿠스
Metriorhynchus 적당한 주둥이
몸길이 3~4m

- 분류 해양파충류
- 생존 쥐라기 후기
- 화석 유럽, 남아메리카
- 특징 꼬리가 날씬하면서 힘이 셌다.

160p 육식

모노로포사우루스
Monolophosaurus 하나의 볏이 있는 도마뱀
무게 700kg
몸길이 5m

- 분류 용반류, 수각류
- 생존 쥐라기 중기
- 화석 중국
- 특징 코에서 이마까지 한 개의 볏이 있다.

58p 육식

모노클로니우스
Monoclonius 하나의 뿔
무게 2t, 몸길이 5~6m

- 분류 조반류, 각룡류
- 생존 백악기 후기
- 화석 북아메리카
- 특징 머리가 아주 크다.

134p 초식

모사사우루스
Mosasaurus 뮤즈의 도마뱀
무게 6~13t
몸길이 9~17m
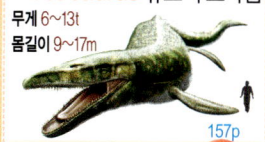
- 분류 해양파충류
- 생존 백악기 후기
- 화석 유럽, 북아메리카
- 특징 날씬한 몸체에 평평한 꼬리가 있다.

157p 육식

무스사우루스
Mussaurus 생쥐 도마뱀
무게 200kg
몸길이 3m

- 분류 용반류, 원시용각류
- 생존 트라이아스기 후기
- 화석 남아메리카
- 특징 가장 초기 공룡에 속한다.

84p 초식

미크로랍토르
Microraptor 작은 약탈자
몸길이 0.3~0.8m

- 분류 용반류, 수각류
- 생존 백악기 전기
- 화석 중국
- 특징 몸에 깃털이 있다.

63p 육식

미크로케라톱스
Microceratops 작은 뿔을 가진 얼굴
몸길이 0.6~0.8m

- 분류 조반류, 각룡류
- 생존 백악기 후기
- 화석 중국
- 특징 이빨과 몇 개의 뼈만 발견되었다.

131p 육식

믹소사우루스
Mixosaurus 혼합 도마뱀
몸길이 1m
- 분류 해양파충류
- 생존 트라이아스기 중기
- 화석 아시아, 유럽, 북아메리카
- 특징 상어와 비슷하게 생겼다.

152p 육식

민미
Minmi 민미강의 도마뱀
무게 200kg, 몸길이 2m

- 분류 조반류, 곡룡류
- 생존 백악기 전기
- 화석 오스트레일리아
- 특징 등에 단단한 골판이 있다.

103, 107p 초식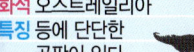

바로사우루스
Barosaurus 무거운 도마뱀
무게 10~11t
몸길이 25~30m

- 분류 용반류, 용각류
- 생존 쥐라기 후기
- 화석 미국
- 특징 목 길이에 비해 꼬리가 짧다.

33, 89p 초식

바리오닉스
Baryonyx 무거운 발톱
무게 1.7~2t, 몸길이 9m

- 분류 용반류, 수각류
- 생존 백악기 전기
- 화석 영국
- 특징 머리가 악어처럼 생겼다.

73p 육식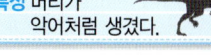

박트로사우루스
Bactrosaurus 박트리아 도마뱀
무게 1.5t, 몸길이 4~6m

- 분류 조반류, 조각류
- 생존 백악기 후기
- 화석 몽골
- 특징 주둥이가 오리처럼 생겼다.

119p 초식

밤비랍토르
Bambiraptor 아기 침입자
무게 3kg
몸길이 1m
- 분류 용반류, 수각류
- 생존 백악기
- 화석 미국
- 특징 가슴이 새처럼 볼록하다.

66p 육식

벨로키랍토르
Velociraptor 날쌘 도둑
무게 15~20kg
몸길이 1.5~2m

- 분류 용반류, 수각류
- 생존 백악기 후기
- 화석 몽골
- 특징 무리 지어 사냥을 했다.

38, 66p 육식

불카노돈
Vulcanodon 화산의 이빨
몸길이 6~7m

- 분류 용반류, 원시용각류
- 생존 쥐라기 전기
- 화석 아프리카
- 특징 짧은 네 다리와 긴 목을 갖고 있다.

85p 초식

브라키오사우루스
Brachiosaurus 팔 도마뱀
무게 40~80t
몸길이 25~30m

- 분류 용반류, 용각류
- 생존 쥐라기 후기
- 화석 북아메리카, 아프리카
- 특징 앞다리가 뒷다리보다 길다.

37, 40, 94p 초식

사우로르니토이데스
Saurornithoides 새 모양의 도마뱀
무게 60kg
몸길이 2~3.5m

53p
- 분류 용반류, 수각류
- 생존 백악기 후기
- 화석 중국
- 특징 머리와 시력이 좋다.
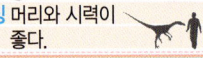
육식

사우로펠타
Sauropelta 방패 도마뱀
무게 3~3.5t, 몸길이 7~8m

106p
- 분류 조반류, 곡룡류
- 생존 백악기 전기
- 화석 미국
- 특징 등판 전체에 돌기가 나 있다.

초식

사우롤로푸스
Saurolophus 볏 있는 도마뱀
무게 9t, 몸길이 9~13m

122p
- 분류 조반류, 조각류
- 생존 백악기 후기
- 화석 아시아, 북아메리카
- 특징 머리 꼭대기에 볏이 나 있다.
초식

산퉁고사우루스
Shantungosaurus 산둥성 도마뱀
무게 6~7t
몸길이 13~16m
99p
- 분류 조반류, 조각류
- 생존 백악기 후기
- 화석 중국
- 특징 꼬리가 몸 길이의 반이나 된다.
초식

살타사우루스
Saltasaurus 살타 도마뱀
무게 7~8t
몸길이 12~13m
97p
- 분류 용반류, 용각류
- 생존 백악기 후기
- 화석 아르헨티나
- 특징 목이 짧고 꼬리가 긴 편이다.
초식

세이스모사우루스
Seismosaurus 지진 도마뱀
무게 100t, 몸길이 39~52m

30, 83p
- 분류 용반류, 용각류
- 생존 쥐라기 후기
- 화석 미국
- 특징 공룡 중에서 가장 크다.
초식

센트로사우루스
Centrosaurus 가운데 도마뱀
무게 2.5t, 몸길이 5~6m

133p
- 분류 조반류, 각룡류
- 생존 백악기 후기
- 화석 캐나다
- 특징 코 위에 긴 뿔이 있다.

초식

수코미무스
Suchomimus 악어 닮은 공룡
무게 6t
몸길이 11m
71p
- 분류 용반류, 수각류
- 생존 백악기 전기
- 화석 아프리카
- 특징 주둥이가 악어처럼 생겼다.

육식

슈노사우루스
Shunosaurus 슈 도마뱀
무게 7~10t, 몸길이 10~12m
99p
- 분류 용반류, 용각류
- 생존 쥐라기 중기~후기
- 화석 중국
- 특징 꼬리 끝에 뼈 뭉치가 있다.

초식

스카포그나투스
Scaphognathus 카누 모양의 턱
무게 30kg
날개길이 1m

141p
- 분류 익룡류
- 생존 쥐라기 후기
- 화석 유럽
- 특징 꼬리가 길며 뇌가 큰 편이다.

육식

스켈리도사우루스
Scelidosaurus 다리 도마뱀
무게 400kg
몸길이 3~4m

102p
- 분류 조반류
- 생존 쥐라기 전기
- 화석 영국
- 특징 꼬리가 길고 등뼈에 돌기가 나 있다.
초식

스타우리코사우루스
Staurikosaurus 십자 도마뱀
무게 30kg, 몸길이 2m

55p
- 분류 용반류, 수각류
- 생존 트라이아스기 후기
- 화석 남아메리카
- 특징 발가락을 쉽게 구부릴 수 있다.
육식

스테고사우루스
Stegosaurus 지붕 도마뱀
무게 3~6t
몸길이 6~9m

100, 104p
- 분류 조반류, 검룡류
- 생존 쥐라기 후기
- 화석 북아메리카
- 특징 등에 넓적하게 골판이 나 있다.

초식

스테고케라스
Stegoceras 뿔이 있는 천정
무게 40~80kg
몸길이 2~3m
126p
- 분류 조반류, 후두류
- 생존 백악기 후기
- 화석 북아메리카
- 특징 머리뼈가 두껍고 단단하다.

초식

스트루티오미무스
Struthiomimus 타조를 닮음
무게 250kg
몸길이 3~4m

71p
- 분류 용반류, 수각류
- 생존 백악기 후기
- 화석 북아메리카
- 특징 타조와 비슷하게 생겼다.

잡식

스티라코사우루스
Styracosaurus 긴 못 도마뱀
무게 2~3t, 몸길이 5~6m

133p
- 분류 조반류, 각룡류
- 생존 백악기 후기
- 화석 미국, 캐나다
- 특징 프릴에 긴 뿔이 달려 있다.

초식

스티기몰로크
Stygimoloch
스티키스 강에서 온 악마

무게 80kg
몸길이 2~3m
128p

- 분류 조반류, 후두류
- 생존 백악기 후기
- 화석 북아메리카
- 특징 머리에 뿔이 달려 있다.

초식

스피노사우루스
Spinosaurus 가시 도마뱀

무게 6~7t
몸길이 12~13m
28, 74p

- 분류 용반류, 수각류
- 생존 백악기 전기
- 화석 아프리카
- 특징 등에 돛 모양의 피부막이 있다.

육식

시노르니토사우루스
Sinornithosaurus
중국 천년의 새 도마뱀

무게 9kg
몸길이 1.2~2m
52p

- 분류 용반류, 수각류
- 생존 백악기 전기
- 화석 중국
- 특징 새처럼 작고, 몸에 깃털이 있다.

육식

시노르니토이데스
Sinornithoides
중국 새 모양

무게 5.5kg
몸길이 1m
52p

- 분류 용반류, 수각류
- 생존 백악기 전기
- 화석 중국
- 특징 네 발이 매우 가늘다.

육식

시아모티라누스
Siamotyrannus 시암의 폭군

무게 1.5t, 몸길이 5~7m
46p

- 분류 용반류, 수각류
- 생존 백악기 전기
- 화석 태국
- 특징 티렉스의 중간 진화적인 특징을 갖고 있다.

육식

시조새(아르케올테릭스)
Archaeopteryx 고대의 날개

무게 1kg
몸길이 0.3~1m
163p

- 분류 조류
- 생존 쥐라기 후기
- 화석 독일
- 특징 공룡과 새의 중간 단계로 멀리 날지는 못했다.

잡식

아나토티탄
Anatotitan
거대한 오리

무게 5t
몸길이 9~10m
120p

- 분류 조반류, 조각류
- 생존 백악기 후기
- 화석 북아메리카
- 특징 이빨이 약 천 개 정도 있다.

초식

아누로그나투스
Anurognathus 꼬리없는 턱

무게 3~7g
날개길이 30~50m
140p

- 분류 익룡류
- 생존 쥐라기 후기
- 화석 독일
- 특징 바늘 같은 이빨이 있다.

잡식

아르데오사우루스
Ardeosaurus 숲 도마뱀

무게 2kg, 몸길이 0.2m
158p

- 분류 원시파충류
- 생존 쥐라기 후기
- 화석 독일
- 특징 오늘날의 도마뱀처럼 생겼다.

육식

아르켈론
Archelon 원시거북

무게 2t, 몸길이 3~5m
148p

- 분류 바다거북
- 생존 백악기 후기
- 화석 미국
- 특징 매우 큰 바다 거북이다.

육식

아르헨티노사우루스
Argentinosaurus 아르헨티나 도마뱀

무게 80~100t, 몸길이 30~40m
30, 96p

- 분류 용반류, 용각류
- 생존 백악기 중기
- 화석 아르헨티나
- 특징 등뼈가 잘 발달했다.

초식

아르히노케라톱스
Arrhinoceratops 코뿔 없는 얼굴

무게 2~3.5t
몸길이 6m
132p

- 분류 조반류, 각룡류
- 생존 백악기 후기
- 화석 캐나다
- 특징 이마에 긴 뿔이 있다.

초식

아마르가사우루스
Amargasaurus 아마르가의 도마뱀

무게 2~5t, 몸길이 10~12m
90p

- 분류 용반류, 용각류
- 생존 백악기 전기
- 화석 아르헨티나
- 특징 등뼈 전체에 돌기가 있다.

초식

아스케프토사우루스
Askeptosaurus

몸길이 2m
151p

- 분류 해양파충류
- 생존 트라이아스기 후기
- 화석 유럽
- 특징 발이 넓적한 물갈퀴로 되어 있다.

육식

아크로칸토사우루스
Acrocanthosaurus 높은 돌기의 도마뱀

무게 3~5t, 몸길이 9~12m
33p

- 분류 용반류, 수각류
- 생존 백악기 전기
- 화석 북아메리카
- 특징 머리가 크며 성격이 포악하다.

육식

아틀라스콥코사우루스
Atlascopcosaurus
아틀라스콥스의 도마뱀

무게 120~125kg
몸길이 2~3m
115p

- 분류 조반류, 조각류
- 생존 백악기 전기
- 화석 호주
- 특징 이빨에 깊은 세로줄이 있다.

초식

아파토사우루스
Apatosaurus 속이는 도마뱀
무게 30~35t
몸길이 20~27m
76p
- 분류 용반류, 용각류
- 생존 쥐라기 후기
- 화석 북아메리카
- 특징 꼬리 근육이 발달했다.

초식

안치사우루스
Anchisaurus 가까운 도마뱀
무게 30~70kg
몸길이 2~3m
85p
- 분류 용반류, 원시용각류
- 생존 쥐라기 전기
- 화석 북아메리카
- 특징 몸집이 가볍고, 머리가 삼각형 모양이다.

초식

안킬로사우루스
Ankylosaurus 연결된 도마뱀
무게 4t
몸길이 9~10m
101, 108p
- 분류 조반류, 곡룡류
- 생존 백악기 후기
- 화석 캐나다, 미국
- 특징 몸 전체가 갑옷으로 둘러싸였다.

초식

안항구에라
Anhanguera 옛날 악마
날개길이 4m
147p
- 분류 익룡류
- 생존 백악기 전기
- 화석 남아메리카
- 특징 주둥이 위아래 턱에 볏이 있다.

육식

알로사우루스
Allosaurus 특별한 도마뱀
무게 1.5~3.5t
몸길이 10~12m
79p
- 분류 용반류, 수각류
- 생존 쥐라기 후기
- 화석 북아메리카
- 특징 눈 위의 돌기가 눈을 보호한다.

육식

알리오라무스
Alioramus 특별한 가지
무게 650kg
몸길이 6~7m
79p
- 분류 용반류, 수각류
- 생존 백악기 후기
- 화석 몽골
- 특징 코 부분에 울퉁불퉁 가시가 줄지어 있다.

육식

알베르토사우루스
Albertosaurus 앨버타 도마뱀
무게 1.8~2.5t, 몸길이 7~9m
78p
- 분류 용반류, 수각류
- 생존 백악기 후기
- 화석 캐나다
- 특징 티라노사우루스 렉스와 거의 비슷하다.

육식

알샤사우루스
Alxaosaurus 알샤의 도마뱀
무게 350~400kg
몸길이 3.5~4m
47p
- 분류 용반류, 수각류
- 생존 백악기 전기
- 화석 중국
- 특징 날카로운 손톱을 가진 손가락이 세 개 있다.

육식

양추아노사우루스
Yangchuanosaurus 양춘의 도마뱀
무게 3.5~4t
몸길이 8~10m
98p
- 분류 용반류, 수각류
- 생존 쥐라기 후기~백악기 전기
- 화석 중국
- 특징 꼬리가 몸 길이의 절반을 차지한다.

육식

에드몬토사우루스
Edmontosaurus 에드몬토의 도마뱀
무게 3~4t
몸길이 9~13m
121p
- 분류 조반류, 조각류
- 생존 백악기 후기
- 화석 미국, 캐나다
- 특징 1000~2000개의 이빨이 있다.

초식

에오랍토르
Eoraptor 새벽의 약탈자
무게 10kg, 몸길이 1m
55, 67p
- 분류 용반류, 수각류
- 생존 트라이아스기 후기
- 화석 아르헨티나
- 특징 뒷다리가 길고 민첩하다.

육식

에우디모르포돈
Eudimorphodon 진짜 두 가지 모양의 이빨
무게 5kg
날개길이 0.75~2m
143p
- 분류 익룡류
- 생존 트라이아스기 후기
- 화석 이탈리아
- 특징 날카로운 이빨에 턱이 뾰족하다.

육식

에우리노사우루스
Eurhinosaurus 진짜 코 도마뱀
무게 150kg
몸길이 2m
153p
- 분류 해양파충류
- 생존 쥐라기 전기
- 화석 독일
- 특징 턱은 위가 길고 아래가 짧다.

육식

에우오플로케팔루스
Euoplocephalus 좋은 장갑으로 무장된 머리
무게 3t
몸길이 6~7m
101, 109p
- 분류 조반류, 곡룡류
- 생존 백악기 후기
- 화석 캐나다, 미국
- 특징 꼬리 끝에 무거운 뼈 뭉치가 있다.

초식

에우헬로푸스
Euhelopus 확실한 헬로푸스
무게 20~25t, 몸길이 10~15m
35, 87p
- 분류 용반류, 용각류
- 생존 쥐라기 후기~백악기 전기
- 화석 중국
- 특징 목뼈가 17~20개이다.

초식

엘라스모사우루스
Elasmosaurus 얇은 판 도마뱀
무게 10.5
몸길이 5~14m
155p
- 분류 해양파충류
- 생존 백악기 후기
- 화석 미국
- 특징 목 길이만 8m정도 된다.

육식

오르니토수쿠스
Ornithosuchus 새 악어
무게 70kg
몸길이 2m

161p
- 분류 원시악어류
- 생존 트라이아스기 후기
- 화석 영국
- 특징 주둥이가 악어와 닮았다.
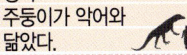
육식

오르니토케이루스
Ornithocheirus 새를 닮은 앞발
무게 100kg
날개길이 10~20m

145p
- 분류 익룡류
- 생존 백악기 전기
- 화석 유럽
- 특징 먼 거리를 날아다녔다.

육식

오르니톨레스테스
Ornitholestes 새 도둑
무게 20~40kg
몸길이 1~2m

46, 67p
- 분류 용반류, 수각류
- 생존 쥐라기 후기
- 화석 북아메리카
- 특징 작고 날카로운 이빨로 작은 동물을 먹었다.
육식

오메이사우루스
Omeisaurus 오메이 도마뱀
무게 30t
몸길이 16~21m
87p
- 분류 용반류, 용각류
- 생존 쥐라기 후기
- 화석 중국
- 특징 이빨이 숟가락처럼 생겼다.
초식

오비랍토르
Oviraptor 알 도둑
무게 20~36kg
몸길이 1.5~3m

69p
- 분류 용반류, 수각류
- 생존 백악기 후기
- 화석 몽골
- 특징 주둥이가 새 부리처럼 생겼다.

육식

오트니엘리아
Othnielia 오트니엘 마쉬의 도마뱀
무게 20~25kg
몸길이 1~2m
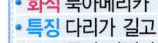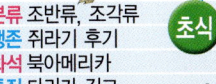
47p
- 분류 조반류, 조각류
- 생존 쥐라기 후기
- 화석 북아메리카
- 특징 다리가 길고 몸이 가볍다.
초식

올리고키푸스
Oligokyphus 작은 아폴로
무게 25kg, 몸길이 0.5m

164p
- 분류 포유류형 파충류
- 생존 쥐라기 전기
- 화석 영국
- 특징 족제비와 매우 닮았다.

초식

옵탈모사우루스
Opthalmosaurus 눈의 도마뱀
무게 3t, 몸길이 3~5m

152p
- 분류 해양파충류
- 생존 쥐라기 후기
- 화석 유럽, 남아메리카
- 특징 눈의 지름이 20cm나 된다.

육식

완나노사우루스
Wannanosaurus 완나 도마뱀
무게 300kg
몸길이 0.6m

127p
- 분류 조반류, 후두류
- 생존 백악기 후기
- 화석 중국
- 특징 머리가 매끈하고 꼬리가 발달했다.
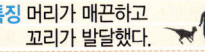
초식

우에르호사우루스
Wuerhosaurus 웨로의 도마뱀
무게 4t
몸길이 8m
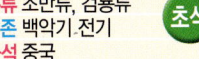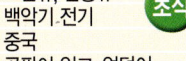
105p
- 분류 조반류, 검룡류
- 생존 백악기 전기
- 화석 중국
- 특징 골판이 있고, 엉덩이 뼈가 넓적하다.

초식

유타랍토르
Utahraptor 유타의 약탈자
무게 0.8~1t
몸길이 5~7m

67p
- 분류 용반류, 수각류
- 생존 백악기 전기
- 화석 미국
- 특징 뒷다리가 날렵해 빨리 달린다.

육식

이구아노돈
Iguanodon 이구아나의 이빨
무게 4~5t, 몸길이 6~10m
116p
- 분류 조반류, 조각류
- 생존 백악기 전기
- 화석 유럽, 북아메리카
- 특징 첫째 발가락이 날카롭다.
초식

이베로메소르니스
Iberomesornis 스페인 중부의 새
무게 56g, 몸길이 0.1~0.2m

164p
- 분류 조류
- 생존 백악기 전기
- 화석 유럽
- 특징 최초로 짧은 꼬리를 가졌다.

잡식

이크티오사우루스
Ichthyosaurus 물고기 도마뱀
무게 90kg
몸길이 2m
153p
- 분류 해양파충류
- 생존 쥐라기 후기~백악기 전기
- 화석 유럽, 북아메리카
- 특징 물고기를 닮았고 눈이 매우 크다.
육식

인도수쿠스
Indosuchus 인도 악어
몸길이 5~6m
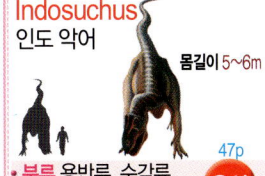
47p
- 분류 용반류, 수각류
- 생존 백악기 후기
- 화석 인도
- 특징 작고 날카로운 이빨을 가졌다.
육식

친타오사우루스
Tsintaosaurus 친타오 도마뱀
무게 9t, 몸길이 10~11m

99p
- 분류 조반류, 조각류
- 생존 백악기 후기
- 화석 중국
- 특징 이마에 커다란 볏이 있다.
초식

카마라사우루스
Camarasaurus 방 도마뱀
무게 18~20t
몸길이 18m

33, 92p
- **분류** 용반류, 용각류
- **생존** 쥐라기 후기
- **화석** 북아메리카
- **특징** 위석을 이용해 음식을 소화시켰다.

초식

카스모사우루스
Chasmosaurus 갈라진 도마뱀
무게 3.5t
몸길이 5~8m

132p
- **분류** 조반류, 각룡류
- **생존** 백악기 후기
- **화석** 캐나다
- **특징** 큰 하트 모양의 프릴이 있다.

초식

칸네메예리아
Kannemeyeria 칸네메예리어의 도마뱀
무게 150kg
몸길이 2~3m

165p
- **분류** 포유류형 파충류
- **생존** 트라이아스기 중기
- **화석** 남아프리카
- **특징** 매우 큰 머리를 가지고 있다.

초식

캄프토사우루스
Camptosaurus 구부러진 도마뱀
무게 1t, 몸길이 5~7m

116p
- **분류** 조반류, 조각류
- **생존** 쥐라기 후기
- **화석** 유럽, 북아메리카
- **특징** 넓적한 부리에 발굽 모양 발톱이 있다.

초식

케라토사우루스
Ceratosaurus 뿔이 있는 도마뱀
무게 0.5~1t, 몸길이 6.5~8m

47p
- **분류** 용반류, 수각류
- **생존** 쥐라기 후기
- **화석** 미국
- **특징** 콧등과 이마에 뿔이 있다.

육식

케찰코아틀루스
Quetzalcoatlus 날개를 가진 큰 뱀
무게 135kg
날개길이 12m

33, 144p
- **분류** 익룡류
- **생존** 백악기 후기
- **화석** 미국
- **특징** 익룡 중에 가장 크고 무겁다.

육식

케티오사우루스
Cetiosaurus 고래 도마뱀
무게 24t, 몸길이 15~16m

88p
- **분류** 용반류, 용각류
- **생존** 쥐라기 중기~후기
- **화석** 영국, 모로코
- **특징** 뼛속이 비어 있지 않고 단단하다.

초식

켄트로사우루스
Kentrosaurus 뾰족한 도마뱀
무게 0.9t, 몸길이 3~5m

105p
- **분류** 조반류, 검룡류
- **생존** 쥐라기 후기
- **화석** 아프리카
- **특징** 목부터 2줄 골판이 있고, 꼬리에 가시가 있다.

초식

코리토사우루스
Corythosaurus 헬멧 도마뱀
무게 3.5~4.1t
몸길이 9~10m

111, 125p
- **분류** 조반류, 조각류
- **생존** 백악기 후기
- **화석** 북아메리카
- **특징** 볼 안에 먹이주머니가 있다.

초식

코엘로피시스
Coelophysis 뼛속이 빈 형태
무게 30kg
몸길이 2~3m

32, 56p
- **분류** 용반류, 수각류
- **생존** 트라이아스기 후기
- **화석** 미국
- **특징** 뼈가 비어 있어 가볍다.

육식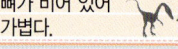

콤프소그나투스
Compsognathus 예쁜 턱 작은 턱
무게 3.5kg
몸길이 0.7~1.4m

62p
- **분류** 용반류, 수각류
- **생존** 쥐라기 후기
- **화석** 유럽
- **특징** 단단한 뒷다리로 날렵하게 움직였다.

육식

쿨라수쿠스
Koolasuchus 쿨의 악어
무게 500kg, 몸길이 5m

161p
- **분류** 양서류
- **생존** 백악기 전기
- **화석** 오스트레일리아, 남극
- **특징** 머리가 커다랗고 편평하다.

육식

크로노사우루스
Kronosaurus 크로노스의 도마뱀
몸길이 9~13m

155p
- **분류** 해양파충류
- **생존** 백악기 전기
- **화석** 오스트레일리아
- **특징** 꼬리가 공룡 꼬리와 비슷하다.

육식

크리올로포사우루스
Cryolophosaurus 볏을 가진 언 도마뱀
무게 300kg
몸길이 6~8m

64p
- **분류** 용반류, 수각류
- **생존** 쥐라기
- **화석** 남극
- **특징** 머리에 장식용 볏이 있다.

육식

크리토사우루스
Kritosaurus 귀족 도마뱀
무게 2.7t, 몸길이 9m

121p
- **분류** 조반류, 조각류
- **생존** 백악기 후기
- **화석** 미국
- **특징** 머리의 볏이 콧구멍과 연결돼 있다.

초식

크립토클리두스
Cryptoclidus 숨겨진 깃
무게 8t
몸길이 4~8m

154p
- **분류** 해양파충류
- **생존** 쥐라기 후기
- **화석** 유럽, 남아메리카
- **특징** 등딱지 없는 거북처럼 생겼다.

육식

타르보사우루스
Tarbosaurus 놀라게 하는 도마뱀
무게 5~6t, 몸길이 12~14m

- 분류 용반류, 수각류
- 생존 백악기 후기
- 화석 몽골
- 특징 아시아에서 발견된 육식 공룡 중 가장 크다.
80p 육식

타페자라
Tapejara 투피의 오래된 것
무게 50kg
날개길이 5m
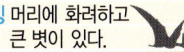
- 분류 익룡류
- 생존 백악기 전기
- 화석 브라질
- 특징 머리에 화려하고 큰 볏이 있다.
145p 육식

테레스트리수쿠스
Terrestrischus 땅에 사는 도마뱀
무게 20kg
몸길이 0.5~0.8m
- 분류 악어류
- 생존 트라이아스기 후기
- 화석 유럽
- 특징 몸이 날렵하고 다리가 길다.
161p 육식

테리지노사우루스
Therizinosaurus 큰 낫 도마뱀
몸길이 4~8m
무게 3~6t
- 분류 용반류, 수각류
- 생존 백악기 후기
- 화석 몽골
- 특징 낫 모양의 발톱이 크고 날카롭다.
49p 잡식

테코돈토사우루스
Thecodontosaurus 소켓 이가 달린 도마뱀
무게 11~70kg, 몸길이 2.1~3m

- 분류 용반류, 원시용각류
- 생존 트라이아스기 후기
- 화석 유럽, 남아메리카
- 특징 대형 초식 공룡의 조상이다.
85p 초식

텔레오사우루스
Teleosaurus 완벽한 도마뱀
무게 150kg
몸길이 3m

- 분류 해양파충류
- 생존 쥐라기 전기
- 화석 유럽
- 특징 주둥이가 길어 가비알과 비슷하다.
161p 육식

템노돈토사우루스
Temnodontosaurus 절단기 이빨 도마뱀
무게 6~10t
몸길이 5~9m
- 분류 해양파충류
- 생존 쥐라기
- 화석 유럽
- 특징 눈의 지름이 26cm로 가장 크다.
153p 육식

토로사우루스
Torosaurus 돌출된 도마뱀
무게 4~6t
몸길이 6~8m

- 분류 조반류, 각룡류
- 생존 백악기 후기
- 화석 북아메리카
- 특징 공룡 중 머리가 가장 크다.
133p 초식

투오지앙고사우루스
Tuojiangosaurus 투오지앙의 도마뱀
무게 3~4t
몸길이 6~7m

- 분류 조반류, 검룡류
- 생존 쥐라기 후기
- 화석 중국
- 특징 골판이 있고 꼬리 끝에는 가시가 있다.
105p 초식

트로오돈
Troodon 구부러진 이빨
무게 50~60kg
몸길이 2~3m

- 분류 용반류, 수각류
- 생존 백악기 후기
- 화석 북아메리카
- 특징 몸에 비해 뇌 무게가 무겁다.
53, 76p 육식

트로페오그나투스
Tropeognathus 용골 모양의 턱을 가짐
무게 20kg
날개길이 6~7m

- 분류 익룡류
- 생존 백악기 전기
- 화석 브라질
- 특징 주둥이가 위아래에 볏이 있다.
144p 육식

트리케라톱스
Triceratops 세 개의 뿔이 있는 얼굴
무게 5~10t, 몸길이 7~10m
- 분류 조반류, 각룡류
- 생존 백악기 후기
- 화석 북아메리카
- 특징 세 뿔과 머리 뒤에 난 프릴로 싸였다.
135p 초식

티라노사우루스 렉스
Tyrannosaurus rex 폭군 도마뱀 왕
무게 5~7t
몸길이 12~13m

- 분류 용반류, 수각류
- 생존 백악기 후기
- 화석 북아메리카
- 특징 머리가 크고 성질이 사납다.
27, 79, 173p 육식

틸로사우루스
Tylosarus 울퉁불퉁한 도마뱀
무게 2t, 몸길이 10~15m

- 분류 해양파충류
- 생존 백악기 후기
- 화석 미국, 뉴질랜드 등
- 특징 바다의 난폭자라 불리며, 몸이 길다.
156p 육식

파라사우롤로푸스
Parasaurolophus 유사 볏 도마뱀
무게 4~5t, 몸길이 10~12m

- 분류 조반류, 조각류
- 생존 백악기 후기
- 화석 북아메리카
- 특징 볏이 길고 등에 홈이 파여 있다.
124p 초식

파르크소사우루스
Parksosaurus 파크의 도마뱀
무게 68kg, 몸길이 2.5m

- 분류 조반류, 조각류
- 생존 백악기 후기
- 화석 북아메리카
- 특징 눈이 크며, 주둥이는 홀쭉하다.
114p 초식

파키리노사우루스
Pachyrhinosaurus 두툼한 코 도마뱀
무게 2~4t
몸길이 5~7m

- 분류 조반류, 각룡류
- 생존 백악기 후기
- 화석 캐나다, 미국(알래스카)
- 특징 코에 커다란 뼈 뭉치가 있다.

133p 초식

파키케팔로사우루스
Pachycephalosaurus 두꺼운 머리를 가진 도마뱀
무게 2~3t
몸길이 4~6m

- 분류 조반류, 후두류
- 생존 백악기 후기
- 화석 미국
- 특징 두꺼운 머리뼈를 갖고 있다.

129p 초식

파타고사우루스
Patagosaurus 큰 발 도마뱀
몸길이 15m

- 분류 용반류, 용각류
- 생존 쥐라기 중기
- 화석 아르헨티나
- 특징 목이 짧은 편이고 무리 지어 살았다.

97p 초식

페테이노사우루스
Peteinosaurus 날개 달린 도마뱀
날개길이 0.6m
- 분류 익룡류
- 생존 트라이아스기
- 화석 유럽
- 특징 최초의 익룡 중 하나이다.

140p 육식

펜타케라톱스
Pentaceratops 다섯 개의 뿔이 있는 얼굴
무게 5~8t, 몸길이 6~8m

- 분류 조반류, 각룡류
- 생존 백악기 후기
- 화석 미국
- 특징 구멍이 난 거대한 프릴이 있다.

134p 초식

펠레카니미무스
Pelecanimimus 펠리컨을 닮음
무게 25kg
몸길이 2m
- 분류 용반류, 수각류
- 생존 백악기 전기
- 화석 스페인
- 특징 펠리컨처럼 턱에 주머니가 있다.

71p 잡식

폴라칸투스
Polacanthus 많은 가시
무게 1t, 몸길이 4m
- 분류 조반류, 곡룡류
- 생존 백악기 전기
- 화석 북아메리카, 유럽
- 특징 어깨에서 등까지 골침이 있다.

107p 초식

프레노케팔레
Prenocephale 경사진 머리
무게 130kg, 몸길이 2~3m

- 분류 조반류, 후두류
- 생존 백악기 후기
- 화석 몽골
- 특징 머리 뒤에 혹들이 있다.

127p 초식

프레온닥틸루스
Preondactylus 프레온의 손가락
날개길이 1.5m

- 분류 익룡류
- 생존 트라이아스기 후기
- 화석 유럽
- 특징 꼬리가 길고 아래턱이 짧다.

141p 육식

프로가노켈리스
Proganochelys 경사진 머리
무게 135kg, 몸길이 1.5~2.5m

- 분류 거북
- 생존 트라이아스기 후기
- 화석 유럽
- 특징 등딱지 가장자리에 골판이 있다.

149p 육식

프로박트로사우루스
Probactrosaurus 원시 박트로사우루스
무게 1t
몸길이 6m

- 분류 조반류, 조각류
- 생존 백악기 전기
- 화석 중국
- 특징 이빨이 턱 안쪽에만 있다.

119p 초식

프로사우롤로푸스
Prosaurolophus 사울로푸스 이전의
무게 2t
몸길이 7~9m

- 분류 조반류, 조각류
- 생존 백악기 후기
- 화석 북아메리카
- 특징 눈 위에 작은 돌기가 있다.

123p 초식

프로토케라톱스
Protoceratops 최초의 뿔이 있는 얼굴
무게 40~180kg, 몸길이 1.5~3m

- 분류 조반류, 각룡류
- 생존 백악기 후기
- 화석 몽골, 중국
- 특징 코에 커다란 혹이 나 있다.

130, 176p 초식

프시타코사우루스
Psittacosaurus 앵무새 도마뱀
무게 50~80kg, 몸길이 1~2m

- 분류 조반류, 각룡류
- 생존 백악기 전기
- 화석 아시아, 유럽
- 특징 앵무새 부리와 비슷하게 생겼다.

130p 초식

프테라노돈
Pteranodon 이빨이 없는 날개
무게 15~25kg, 날개길이 7~10m

- 분류 익룡류
- 생존 백악기 후기
- 화석 북아메리카, 유럽
- 특징 날개가 크고 넓다.

138, 146p 육식

프테로다우스트로
Pterodaustro 남쪽의 날개
날개길이 1~1.5m

- 분류 익룡류
- 생존 백악기 전기
- 화석 아르헨티나
- 특징 턱이 매우 길고 뭉툭하다.

147p 육식

프테로닥틸루스
Pterodactylus 가락이 있는 날개
무게 0.5~5kg
몸길이 0.17~1.5m
146p
- 분류 익룡류
- 생존 쥐라기 후기
- 화석 유럽
- 특징 구부러진 목과 긴 머리뼈를 갖고 있다.

육식

플라노케팔로사우루스
Planocephalosaurus 편평한 머리 도마뱀
무게 5kg, 몸길이 0.2m
159p
- 분류 도마뱀류
- 생존 트라이아스기 후기
- 화석 유럽
- 특징 큰 머리와 긴 다리를 갖고 있다.

육식

플라케리아스
Placerias 이동하는 것
무게 1~2t
몸길이 2~3m
165p
- 분류 포유류형 파충류
- 생존 트라이아스기 전기
- 화석 북아메리카
- 특징 마지막 포유류형 파충류이다.

초식

플라테오사우루스
Plateosaurus 납작한 도마뱀
무게 4t, 몸길이 7~9m
84p
- 분류 용반류, 원시용각류
- 생존 트라이아스기 후기
- 화석 남아프리카, 유럽
- 특징 코가 길게 발달했다.

초식

플레시오사우루스
Plesiosaurus 리본 도마뱀
몸길이 3~5m
154p
- 분류 해양파충류
- 생존 쥐라기 전기
- 화석 유럽
- 특징 목뼈가 30개 정도이며 목이 매우 길다.

육식

하드로사우루스
Hadrosaurus 하돈필드의 도마뱀
무게 4~7t
몸길이 7~10m
118p
- 분류 조반류, 조각류
- 생존 백악기 후기
- 화석 북아메리카
- 특징 주둥이 위에 코뼈가 볼록 솟아 있다.

초식

헤레라사우루스
Herrerasaurus 헤라의 도마뱀
무게 250~300kg
몸길이 3~4.5m
54p
- 분류 용반류, 수각류
- 생존 트라이아스기 후기
- 화석 아르헨티나
- 특징 뒷다리가 길고 뼛속이 비어 있다.

육식

헤테로돈토사우루스
Heterodontosaurus 다른 이빨을 가진 도마뱀
무게 4.5~6kg
몸길이 0.9~1.2m
113p
- 분류 조반류, 조각류
- 생존 쥐라기 전기
- 화석 아프리카
- 특징 세 종류의 이빨을 가졌다.

초식

후양고사우루스
Huayangosaurus 후양 도마뱀
무게 4t
몸길이 4~5m
98, 105p
- 분류 조반류, 검룡류
- 생존 쥐라기 중기
- 화석 중국
- 특징 두 줄 골판이 있고 꼬리 끝에 가시가 있다.

초식

힐라에오사우루스
Hylaeosaurus 수풀 도마뱀
무게 1t, 몸길이 5~6m
107p
- 분류 조반류, 곡룡류
- 생존 백악기 전기
- 화석 영국
- 특징 등 전체가 골판으로 덮여 있다.

초식

힙실로포돈
Hypsilophodon 높게 솟은 이빨
무게 30~70kg, 몸길이 2~3m
112p
- 분류 조반류, 조각류
- 생존 백악기 전기
- 화석 북아메리카, 유럽
- 특징 강력한 턱과 먹이를 잘게 부수는 이빨이 있다.

초식

공룡의 발자취를 만날 수 있는 곳!

★박물관과 전시체험장
고성공룡박물관 http://museum.goseong.go.kr
공룡알화석지방문자센터 031)357-3961(3951)
계룡산자연사박물관 http://krnamu.or.kr
목포자연사박물관 http://museum.mokpo.go.kr
서대문자연사박물관 http://namu.sdm.go.kr
오남공룡체험전시관 http://www.dinopark.co.kr
옥토끼우주센터(공룡의 숲) http://www.oktokki.com
해남공룡박물관 http://uhangridinopia.haenam.go.kr
인천어린이박물관 http://www.enjoymuseum.org
우석헌자연사박물관 http://www.geomuseum.org
제주공룡랜드 http://www.jdpark.co.kr
지질박물관 http://museum.kigam.re.kr

★공룡 화석과 발자국 유적지

어린이 과학백과 시리즈
초등 교과 연계표

책 명	학년-학기	교과	단 원
인체백과	6-2	과학	4. 우리 몸의 구조와 기능
곤충백과	3-1	과학	3. 동물의 한살이
	5-1	과학	5. 다양한 생물과 우리 생활
로봇백과	3-1	국어	2. 문단의 짜임
	3-1	과학	2. 물질의 생성
동물백과	3-1	과학	3. 동물의 한살이
	3-2	과학	2. 동물의 생활
	5-1	과학	5. 다양한 생물과 우리 생활
호기심백과	3-1	과학	5. 지구의 모습
	5-2	과학	1. 날씨와 우리 생활
바다해저백과	3-1	과학	5. 지구의 모습
	3-2	과학	2. 동물의 생활
공룡백과	3-2	과학	2. 동물의 생활
	4-1	과학	2. 지층과 화석
전통과학백과	3-1	과학	2. 물질의 생성
	3-2	사회	2. 시대마다 다른 삶의 모습
우주백과	3-1	과학	5. 지구의 모습
	5-1	과학	3. 태양계와 별
장수풍뎅이 사슴벌레백과	3-1	과학	3. 동물의 한살이
파충류백과	3-1	과학	3. 동물의 한살이
	3-2	과학	2. 동물의 생활
	5-1	과학	5. 다양한 생물과 우리 생활
벌레잡이·희귀 식물백과	4-1	과학	3. 식물의 한살이
	4-2	과학	1. 식물의 생활
세계 최고·최초백과	3-1	과학	5. 지구의 모습
	5-1	과학	3. 태양계와 별
	6-2	사회	3. 세계 여러 지역의 자연과 문화
발명백과	3-1	과학	2. 물질의 생성
	4-2	과학	3. 그림자와 거울
드론백과	3-1	과학	2. 물질의 생성
	5-2	과학	3. 물체의 빠르기
인공지능백과	4-1	과학	1. 과학자처럼 탐구해 볼까요?
	5	실과	6. 생활과 정보
	6	실과	3. 생활과 전기 전자
			4. 나의 진로
공상 과학 곤충 도감	3-1	과학	3. 동물의 한살이
	3-2	과학	4. 나의 진로

일상 속 흥미로운
과학 법칙을 찾아라!

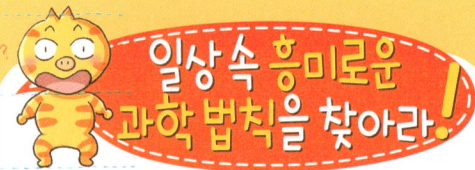

《퀴즈! 과학상식-과학 법칙》에서
어렵기만 한 과학 법칙을 흥미진진한
호기심 퀴즈 23개로 만나 보세요.

도기성 저/김혜진 감수

재밌는 만화로 배우는
퀴즈! 과학상식

현 88권